マドンナメイト文庫

禁断の相姦白書 快楽に溺れた淫乱熟女たち

素人投稿編集部

E N T S

〈第一章〉家庭内であってはならない禁断愛

〈第二章〉肉親を性の対象に見てしまい……

C O N T

〈第三章〉エロすぎる義姉の媚肉に溺れた私

〈第四章〉寂しさに震える息子の嫁を……

※投稿者はすべて仮名です

〈第一章〉

家庭内であってはならない禁断愛

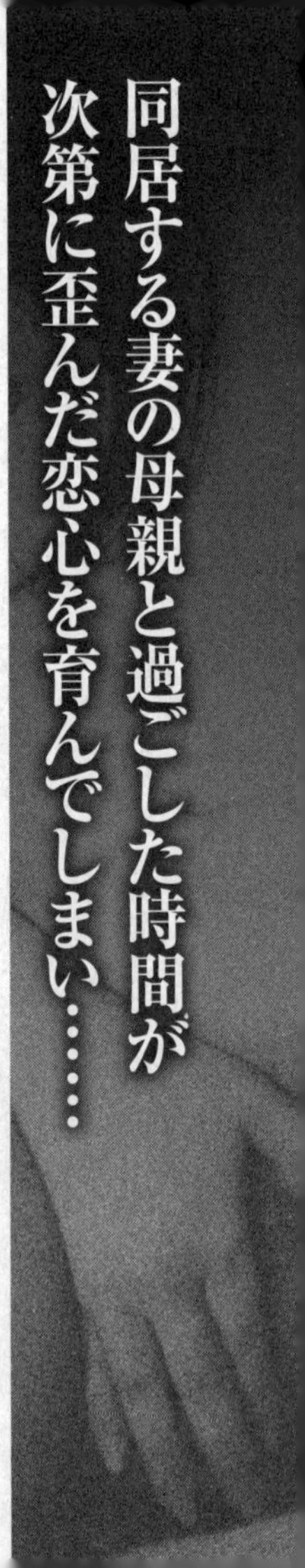

同居する妻の母親と過ごした時間が次第に歪んだ恋心を育んでしまい……

山田圭助　会社員　四十五歳

私は去年、十六歳年下の女性と結婚しました。名前は香奈《かな》。知り合ったきっかけはお見合いでした。仕事に明け暮れて婚期を逃してしまった私を心配して、知人のお母さんが紹介してくれたんです。

香奈はバツイチということでしたが、子どもはおらず、十六歳も年下でしたし、見た目もなかなかかわいくて、私としては何も文句はありませんでした。文句どころか、こんなオッサンと結婚してくれることにただただ感謝しかありません。

ですが、一つだけ問題がありました。いわゆる逆コブつきとでもいうのでしょうか？

彼女は母子家庭で、幼いころからずっと母親と二人暮らしだったので、母親と同居することが結婚の条件でした。

「お母さんを一人にするのは絶対にいやなの」

そう言われると、私は拒否することなどできませんでした。

実は前回の結婚生活がダメになったのも、相手の男が母親との同居生活をストレスに感じて、それが原因で夫婦仲が悪くなって離婚したということでした。

なんとしても香奈と結婚したかった私は、同居を受け入れましたが、新婚家庭に義母がいっしょにいるのはなかなか気を遣う生活でした。

初めての結婚生活ですから、妻とラブラブな性生活を送りたかったのですが、狭い家で義母と同居していると、どうしても物音や声にも気を遣ってしまうのです。

必然的に夫婦の営みも控えめなものになり、数カ月もすると、香奈との間も微妙にぎくしゃくしたものになっていました。

ただ、それは義母の同居だけが原因というわけではなく、妻との年齢差が思った以上に問題だったようです。

なにしろ話題がまったく合いませんし、観たいテレビ番組も全然違うのです。

それに彼女はまだまだ遊びたい盛りのようで、夜の街へ遊びにいきたがるのですが、私は仕事で疲れていることもあり、夜や休日は家でごろごろしていたいのです。

「ねえ、飲みにいこうよ。オシャレなお店をテレビで見たの」

そうやって誘われても断ることが多くなり、そのうち妻は私を誘わずに、昔からの友だちと飲み歩くようになりました。

歳が離れていることもあり、そんな妻の行動に対して私は強く言うことができず、結局自由にさせていました。そのせいで、私たち夫婦の間には、だんだんと距離ができてしまったのです。

そして、妻が遊びに出かけている間、私はお義母《かあ》さんと二人で過ごすことが多くなりました。

お義母さんは私よりも十二歳上の五十七歳でしたが、十六歳下の妻よりは年齢が近いですし、意外なほど話が合うんです。

二人とも刑事ドラマが好きという点も同じで、二人でテレビを観ながら「この男が犯人よ」「いや、ぼくはこっちの女が犯人だと思いますよ」などと推理し合ったりするのがけっこう楽しかったりするのです。

そうしているうちに、最初は邪魔者だと思っていたお義母さんのほうが、妻よりも私の生活のなかで徐々に重要になってきていたのでした。

そんなある夜のことです。妻は友だちと飲みにいってしまい、家には私とお義母さんの二人だけでした。

私たちはいつものように刑事ドラマを観ながら、二人で晩酌をしていたんです。

お義母さんはそんなにお酒は強くないので、ほんのりと頬が赤くなっている様子はとても色っぽくて、私はドキドキしてしまいました。

実はそのころ、妻とはもう二カ月以上もセックスをしていませんでした。私が誘っても妻が面倒くさそうにすることが多くなり、そのせいでこちらも誘いにくくなっていたのです。

香奈はスリムなモデル体型で胸もお尻もあまり大きくありません。それに対してお義母さんはむっちりした体つきで、熟女の魅力がむんむんただよっています。

欲求不満が溜まっていたせいか、お義母さんの胸のふくらみやお尻の丸みがいつも以上にいやらしく見えて、私は猛烈にムラムラしてしまうのでした。

私が欲情しているのが伝わったのか、お義母さんは少しそわそわしはじめました。

「今日のドラマ、おもしろくないわね。私、もうお風呂に入っちゃおうかな」

そう言って立ち上がろうとしたので、とっさに私はお義母さんの手をつかんでしまいました。

「お義母さん、待ってください」

「ちょっと、何するの？」

「ぼく、香奈と会う前にお義母さんと出会っていればよかったです」

「出会ってたらどうなってたっていうの？」

お義母さんは手を引こうとしますが、私は放しません。もう後戻りはできません。

私は自分の気持ちをはっきりと口にしました。

「ぼく、お義母さんのことを好きになってしまったんです」

「何言ってるの？　冗談はやめて」

「冗談なんかじゃありません！」

私はお義母さんの手を強く引っぱりました。不意をつかれたのか、お義母さんは私の上に倒れてきました。そのお義母さんを抱き締めて、私はカーペットの上に押し倒すようにして上になりました。

「ぼくは本気なんです」

「ダメよ。圭助《けいすけ》さんは香奈の旦那さんでしょ？　こんなことを知ったら、香奈が許さないわ」

「大丈夫です。香奈にはほかに男がいますから」

私の言葉にお義母さんは絶句しました。そして、声を絞り出すようにしてたずねるんです。

「……それは本当なの？」

「本当です。今日だって、たぶんその男と会っていると思います」

実際のところ、証拠はありませんでしたが、私はきっとそうに違いないと思っていました。

結婚の前後には一日に何度も求めてきた香奈が、いまではまったく私を相手にしようとしないのですから、絶対に外で性欲を満たしているはずです。

「……そうなの？　香奈が浮気を……」

お義母さんは少し考え込むように眉を寄せました。

「香奈のことはもうどうでもいいんです。ぼくはお義母さんを好きになってしまったんです。もう、お義母さんのことを考えただけで胸が苦しくなっちゃうんです」

私はお義母さんにおおい被さったまま、そう熱弁しました。すると、それまで強張っていたお義母さんの体から力がすーっと抜けていくのがわかりました。

「そんなふうに言ってもらえてうれしいわ」

頰を赤らめながら、そう言うんです。

「ひょっとして、ぼくを受け入れてくれるんですか？」

「さあ、どうかしら？」

お義母さんは恥ずかしそうに目を逸《そ》らしました。

つい最近まで独身でしたが、私にもそれなりに女性経験はありましたので、お義母さんの態度がＯＫという意味だというのはわかりました。あとは、男が強引に押していかなければいけないのです。

「好きです！　お義母さん、すごく好きです！」

私はお義母さんにキスをしました。お義母さんの唇はすごくやわらかくて、ゾクゾクするような興奮が私の体を駆け抜けました。

「うう……うう……」

お義母さんは唇を硬く閉ざしていました。だけど、私がかまわず熱烈なキスをしつづけていると、お義母さんも根負けしたように口をかすかに開けてくれました。

すかさず私はお義母さんの口の中に舌をねじ込み、舌を舐め回しました。

最初は私の舌から逃げ回っていたお義母さんの舌でしたが、すぐに向こうからペロペロと舐めてくるようになりました。

「うっ……お義母さん……んんん……」

私もお義母さんの舌を舐め回し、二人の舌が絡まり合ってピチャピチャと唾液が鳴りました。荒くなったお義母さんの鼻息が私の頬をくすぐります。

もう抵抗されることはないだろうと確信しました。

ひとしきり二人で口の中を舐め回し合ってから私が顔を離すと、唾液にまみれた唇をぺろりと舐めて、お義母さんが弁解するように言いました。

「はあぁぁ……圭助さん……。本当はこんなことをしちゃダメなのよ」

「わかってます。お義母さんは妻に浮気をされている哀れな男を慰《なぐさ》めてあげようとしているだけです。それで十分です。ああ、なんてやわらかいオッパイなんだろう」

私はお義母さんの胸を服の上からもみました。Bカップの香奈とは比べものにならないボリュームです。久しぶりに本物のオッパイをもんだ気分になり、私は夢中になってもみしだきました。

「あぁぁ……そのもみ方……。あああん……体が熱くなってきちゃうわ」

「じゃあ、脱いだほうがいいですね」

私は有無を言わせず、お義母さんのセーターのすそに手をかけてブラジャーもろとも押し上げました。

「あっ、いやっ……」

ポロンとこぼれ出た乳房はまるでプリンのようにぷるるんと揺れ、少し大きめの乳首はカラメルのような褐色でした。

それはほんとうにおいしそうで、私は思わず食らいついていました。

「はっああっ……。圭助さん……」

お義母さんは私の後頭部に腕を回して、優しく抱き締めてくれました。そして私はまるで赤ん坊のようにお義母さんの乳首を吸ったのです。

乳首は私の口の中でムクムクと硬くなっていきました。そしてそれを吸ったり、舌で転がしたり、軽く甘嚙みしてあげると、そのたびにお義母さんは悩ましげな声をあげて、ピクンピクンと体をふるわせるんです。

「すごく感度がいいんですね」

「だって、気持ちいいんですもの」

「じゃあ、もっと気持ちよくしてあげますね」

私は左右の乳首を交互に舐めたり吸ったりし、同時に下腹部へ手を伸ばしていきました。そしてお義母さんがはいていたズボンのファスナーをおろして、パンティの中へ手をねじ込んだんです。

「あっ、そこはダメ……」

お義母さんの手が私の手首をつかみました。でも、もう私の手は茂みを抜けて、その先にあるぬかるみの中にすべり込ませていました。

「すごい……もうヌルヌルじゃないですか」

私が指を小刻みに動かすと、ピチャピチャと音が鳴りはじめました。

「ああん、いや……。すごくエッチな音が鳴っちゃうわ」

お義母さんはいやいやをするように首を横に振り、悩ましげな声をあげつづけました。

その声をもっと聞きたくて、私はぬかるみに埋まった指先をかすかに曲げて、膣壁のざらざらした部分を重点的にこすりあげたんです。

「あっ、ダメ、ダメ、ダメ……。そ……そこは気持ちよすぎて……あああん……」

お義母さんの腰がヒクヒクと動き、股が徐々に大きく開いていくのですが、ズボンをはいたままなので窮屈そうです。それに私もお義母さんのアソコがどうなっているのか見たくてたまりません。

「こんな邪魔なものは、もう脱いじゃいましょうね」

私はお義母さんのズボンとパンティを一気に脱がしました。

「あぁぁん、いやん……」

内股をきつく閉じ、体を丸めるお義母さんでしたが、それ以上の抵抗はしようとしません。それは私がこれからすることを期待しているからです。

「さあ、お義母さんのここ、よ~く見せてくださいね」

私はお義母さんのお尻をつかんで、グイッと持ち上げ、そこにすかさず自分の体をすべり込ませました。マングリ返しの体勢の出来上がりです。

「あっ、いや。これは恥ずかしすぎるわ」

そう言いながらも、体には全然力が入っていないんです。それもそのはず、もうお義母さんのアソコはトロトロにとろけていて、小陰唇もすごく分厚く充血しちゃってるんです。

「すごい……。ああ、なんてエロいんだろう。オマ〇コがパックリ開いてますよ」

私は卑猥な言葉でお義母さんを刺激しました。人によりますが、お義母さんは恥ずかしさで興奮するタイプらしく、私の言葉に激しく反応するんです。

「ダメよ。明かりを消して。恥ずかしすぎて……」

「そう言いながら、オマ〇コの穴がヒクヒクしてますよ。ここから香奈が生まれてきたんですね。ああ、いまはそこからエッチなお汁がどんどん溢れ出てきていますよ。すごくおいしそうだ」

私はお義母さんのアソコに口をつけて、マン汁をズズズ……と音を鳴らしてすすってあげました。

「はっあぁぁん……。いや……そ、そんな……すすったりしないでぇ……」

「じゃあ、こんなのはどうですか？」

私は割れ目の内側をペロペロ舐め回し、すでに勃起しているクリトリスを口に含みました。そして、さっき乳首にしたのと同じように吸ったり、舌先で転がすように舐めたり、さらには前歯で甘嚙みしてあげたんです。

「あっ……だ、ダメ……ダメ……。そ、それ、気持ちよすぎて。あああん……い……イッちゃううう！」

ビクン！　とお義母さんの体が激しく痙攣し、私は後ろに弾き飛ばされてしまいました。

「お義母さん、イッたんですか？　自分だけ気持ちよくなっていいと思ってるんですか？　ぼくはまだズボンもはいたままなのに」

私はわざといじけたように言いました。するとお義母さんは気怠《けだる》そうに体を起こし、私のほうへと這い寄ってくるんです。

「そうね、今度は私が圭助さんを気持ちよくしてあげるわ。さあ、そこに立ってちょうだい」

言われるまま私はその場に立ち上がりました。するとお義母さんは私のズボンとブリーフを一気におろしました。

すでに硬くなっているペニスがお義母さんの目の前で、ピクピク痙攣を繰り返します。力がみなぎりすぎているんです。

「はぁぁ……すごいわ。やっぱり若い男の人は元気ね」

五十七歳のお義母さんから見れば、私もまだ若い男なのです。それならがんばらなければいけません。

私は下腹に力をこめて、ペニスをビクンビクンと動かしてみせました。

「あぁ、なんてエッチなのかしら。もう我慢できないわ」

お義母さんは右手でペニスをしっかりとつかみ、先端を自分のほうに引き倒して亀頭をパクッと口に含みました。そして、ジュパジュパと唾液を鳴らしながら、激しくしゃぶるんです。

それはペニスが好きで好きでたまらないといった感じのしゃぶり方で、その卑猥さに、肉体に受ける快感が何倍にもなってしまうんです。

「あぁ、お義母さん……。それ……すごく気持ちいいです。だけど……そんなに激しくされたら……も、もうぼく……」

早くも射精の予感がこみ上げてきました。十年前ならとりあえず一発射精して、もう一回じっくりと楽しませてあげることもできたでしょうが、さすがにもうそんな自信はありません。

「あ、ダメです、お義母さん。も、もうそれぐらいで」

情けない声を出しながら、私は腰を引いてお義母さんのフェラチオを中断させました。するとお義母さんは少しご機嫌斜めな様子で言うんです。

「あぁん、どうしてやめさせるの？　もっと気持ちよくしてあげようと思ったのに」

「それなら二人いっしょに気持ちよくなりましょうよ」

私はお義母さんのアソコをペニスで味わってみたくてたまりませんでした。お義母さんも同じで、アソコで私のペニスを味わいたかったようです。ご機嫌はすぐに治りました。そして私のために大きく股を開いてくれるのでした。

「さあ、きて。私、セックスするの、すっごく久しぶりなの」

妻が言っていたことによると、お義母さんはもう何年も男っ気がないようでした。それなら私が思いっきり気持ちよくしてあげたいとあらためて思いました。

「さあ、入れますよ」

唾液にまみれたペニスを右手でつかみ、私はお義母さんにおおい被さりました。そして亀頭をぬかるみに押し当てると、簡単にすべり込んでしまったんです。いや、呑み込まれていったと言ったほうがいいかもしれません。そして飢えたお義母さんの膣穴は、私をヌルヌルときつく締めつけてくるんです。

「ううう……気持ちいいです。腰が……腰が勝手に動きだしちゃいます」

そう言ったときにはすでに私の腰は前後に動きはじめ、お義母さんの膣奥をズンズンと突き上げていました。

「ああん！　はああん！　あっはああん！」

豊満な乳房をゆさゆさ揺らしながら、お義母さんは喘ぎつづけました。感じている顔もいやらしくて、ペニスに受ける肉体的な快感がさらに増します。

本当ならいろんな体位でイカせまくってやろう、それで自分の男としての魅力をアピールしてやろうと思っていたのですが、気持ちよすぎてそんな余裕はなくなっていました。

私はすぐに情けない声をあげてしまったんです。

「あっ……もう、ダメだ。ううっ……もう出ちゃいます!!」

「はあぁぁん……ちょうだい。奥のほうにいっぱいちょうだい！」

「いいんですか？」

「大丈夫だから、いっぱいちょうだい！」

お義母さんはもう妊娠する心配はない年齢です。そのことを理解した私は、ズンと奥まで挿入したまま腰の動きを止め、体の中の精液をすべてお義母さんの子宮目がけて放出しました。

「ああ！　お義母さん！　ううう！」

「あああん……。私も……私もイク～！」

私の熱い射精の感触が最後のとどめになったようで、お義母さんも私とほぼ同時にエクスタシーへと達したのでした。

数日後、香奈が性格の不一致を理由に離婚を切り出してきました。おそらく浮気相手の男と再婚したいと考えているようでしたが、私は断固拒否しました。

妻への未練はまったくありませんでしたが、もしも離婚したらお義母さんに会えなくなるというのがその理由でした。

私への当てつけでしょうか、相変わらず妻は毎日遊び歩いて外泊を繰り返しています。でも、その間、私とお義母さんは二人っきりの甘い時間を過ごせるので、かえって好都合でもあるのです。

まだ性経験の浅い二十歳だった自分が奔放な従姉から教わった本当のセックス

鈴本誠也　会社員　五十三歳

郊外の住宅で母親と妻と私の三人暮らしをしています。

息子は大学卒業後に就職し、娘は地方の大学に通い、それぞれそちらで下宿しています。父親は十年近く前に亡くなりました。

幸い、というべきか、母と妻はウマが合うようで、二人でドライブに出かけたり、一日中おしゃべりをしていたりと、何やら自分一人が仲間はずれにされているような感じさえする毎日です。

そんなある日の夕食時、テレビのバラエティ番組で画面に映し出されたニューヨークの風景を眺めていた母が「そういえば、聡美《さとみ》はどうしてるのかねえ」と不意に言いました。

「聡美さんって、アメリカの人と結婚してニューヨークで暮らしているっていう？」

と妻が母に問いかけます。

「そう、酒癖の悪いその聡美。私の姉の娘、つまり姪にあたるんだけど困った娘でね、一時期、ずいぶんと振り回されたものよ」

母親は、妻に向かって苦笑します。

従姉の聡美さんと妻は、自分たちの結婚式と父親の葬儀、たった二回しか会っていないはずですが、どうやら日ごろ、母との雑談であれこれ聞かされているようでした。

私は二人の会話には加わらず、ウイスキーを注いだロックグラスを手に、持って帰った仕事を片づけるからと言い残して自分の部屋に向かいました。

母親が言う「一時期、ずいぶんと振り回された」とは、聡美さんが離婚する前後、家に居候していたときのことを言っているのでしょう。

当時、自分は二十歳の大学生で、聡美さんは三十歳前後だったと思います。つまり、もう三十年以上昔の話です。

初夏のある日、私が大学から帰宅すると、出迎えてくれたのは聡美さんでした。ぜい肉がついていないスレンダーな体つきと肩までの髪、どことなくしなやかな猫科の動物を思わせる切れ長の目のボーイッシュな表情は相変わらずでした。

自分が小さい時分から、親戚の集まりなどあると遊び相手になってくれていたのが、この聡美さんです。兄弟のいなかった私にとって、そのころから年の離れた姉のような感覚で親しみを抱いていました。

親戚としては年に数度、顔を合わせるくらいでしたが、美大を出て、グラフィックデザイナーとしてデザイン事務所に勤めはじめたのを後になって知りました。

性格はおおらかでどこまでも明るく、言動も自由奔放そのものでした。もっとも、そんな聡美さんに眉をひそめる親戚の者もいるにはいましたが。

その後、彼女は結婚したのですが、新居として住みはじめたマンションが、たまたま私たちが使っている私鉄駅と二つ離れた場所にあったのです。

そんなこともあって、ちょこちょこ家に遊びにくるようになってから、私と聡美さんは急速に親しくなりました。といってもあくまでも従姉弟同士、昔からの姉弟的な関係です。あるいは、話の合う異性の先輩後輩といったほうがしっくりくる感じかもしれません。

ですから、彼女が家にいて私を出迎えても、特に違和感を感じませんでした。

また遊びにきていたんだ、くらいにしか思いません。

ところがその日は、なんとなく雰囲気が違うことに、すぐ気づきました。

聡美さんこそ、いつもの笑顔だったのですが、キッチンにいた母と父は、深刻な表情で何やら相談をしている様子でした。

「何かあったの？」

「私、旦那に家を追い出されちゃってさー」

照れ隠しだったのかもしれませんが、舌をペロリと出して、悪びれることなく頭をかくポーズでおどける聡美さんに、私はびっくりしました。

「それで、どうするつもり？ そのうち、帰るんでしょ？」

「旦那がすごく怒ってるから、今度ばかりはどうかなぁ？ とにかくそんなわけだから、しばらく世話になるね。間借りできそうな知り合いはほかにいないし」

母が言うには、昼間、聡美さんがいきなり身の回りの荷物ごとやってきて、いまは使っていない亡くなった祖母の部屋に運び込んでしまったのだとか。

それを聞いた私は、いかにも聡美さんらしいなあと思いました。

私の両親は聡美さんをかわいがっていて、娘のように扱っていたと思います。いま思うと、それを楽しんでいる風もありました。

聡美さんのほうも、まったく気兼ねする様子はなくふるまっていました。酒好きの彼女は酔っ払って帰ることもしばしばで、そんなときは母親に説教されていましたが。

私はといえば、初めてのカノジョができたこともあり、平日は朝から授業とサークル、たまにアルバイト、そして土日はデートと忙しく、充実した毎日を送っていました。そのカノジョ相手に初体験したのもそのころです。

そんなわけで、同居しているとはいえ、聡美さんとは顔を会わせるとちょっとした会話を交わすくらいで、仲はよいものの適度な距離感で接していました。

(実の姉弟も、こんな感じなのかな?)

と想像したこともあります。

そんな聡美さんと同居するようになって、二カ月ほどした夏の土曜日の話です。

前の晩に夜更かしをした私が起きたのは、午前十時近くでした。

前夜、カノジョに連絡してデートに誘ったのですが、ゼミの夏合宿の準備があるからと断られていました。かといって、誰か友人を誘って遊びにいくのも、外の暑さを考えると億劫でした。結局、今日は一日、クーラーの効いた部屋で、ビデオでも観てダラダラしているのがいちばんだと決めたのです。

とりあえず、朝食を食べることにした私は、二階の自室から一階のダイニングキッチンに降りました。

そこで、私はハッとして立ちつくしました。冷蔵庫の扉を開き、中をあさっている聡美さんの白いタオル地のバスローブの後ろ姿、腰を屈めて突き出したお尻が目に飛び込んできたからです。濡れた髪とただようリンスの香りから、さっきまでシャワーを浴びていたとわかりました。

そんな格好をしている従姉になんと声をかけるべきか、さすがに迷っているうちに聡美さんが振り返りました。

「あら、いま起きたの？　おはよう」

「う、うん、おはよう。お母さんたちはいないみたいだけど、出かけてるの？」

「私の旦那と、離婚の話し合い。うちの親だけじゃ頼りないから、つき添いでね」

「そんなことなら、聡美さんも行かなきゃまずいんじゃない？」

「私が行くとよけいにモメそうだから留守番してろ、だってさ」

むしろおもしろそうに言った聡美さんの手には、缶ビールが握られていました。

「聡美さん、朝からビールって」

「あんまり飲むなって叔母さんには言われてるけど、シャワーのあとはやっぱりコレよね。誠也《せいや》も飲むでしょ？　そうだ、誠也もシャワー浴びてきなよ、朝ご飯を作っておいてあげるよ」

酒が入ると少しからみ癖があるとわかっていましたから、こうなると断れません。

言われるまま、自分も目覚ましのシャワーを浴びて戻ると、聡美さんはキッチンから応接室に移っていました。テーブルの上には、朝食というよりも、おつまみというべきピザやスモークサーモンが並べられていました。

(聡美さん、本格的に朝から飲む気なんだな)

苦笑しながらも私は、促されるまま、彼女と向かい合った三人がけの長ソファに座って、飲みはじめました。

やがて、ビールがワインに代わったころには、私もかなり酔ってきました。それでつい、いままで直接聞けなかったことを尋ねてしまったのです。

「ねぇ、聡美さんってなんで離婚することになっちゃったの?」

「毎晩、飲みに行ったり夜遊びしてたら、浮気を疑われちゃってね」

「ほんとうに浮気してたの?」

「してないわよ。でも、私も朝帰りがしょっちゅうで、それは反省してるんだけどね。ネチネチ言われつづけたら、こっちもいやになっちゃって、もう無理だなってさ」

投げやりに言った聡美さんは、私の空いたグラスにワインを注ぐために、座ったまま身を屈めてボトルを差し出しました。

その瞬間、バスローブのゆったりと開いた胸元から、ピンクがかった薄茶色の乳首がのぞいたのです。

「……！」

彼女は、ブラジャーをつけていませんでした。たぶん、見られたことに気づいたはずでしたが、意味ありげな笑みを浮かべてさらに身を乗り出しました。

小さめの乳首が、また見え隠れします。

「じゃあ、今度はこっちの番ね。誠也、大学でカノジョできたんだって？」

「まあね。オフクロから聞いたの？」

「まあね。それで、もうヤッちゃった？」

女性の、それも胸をチラチラと見せる従姉の口から出たストレートな問いかけに、私は正直、軽いパニック状態になってしまったのです。

「ま、まあ、いちおうそれなりには」

「それなりって何よ。その様子じゃ、あんまり満足してない感じね」

カノジョとは互いに初めてだったのですが、いつまでたってもただぐったりと横たわっているだけでおもしろくない、と正直に打ち明けました。これも酔っていたからで、相手が気安い聡美さんだったからでしょう。

それを聞いた聡美さんは、立ち上がるとすばやく横に腰をおろし、私がはいていたジャージの股間にソッと手を伸ばしました。

「ちょ、ちょっと、聡美さん！　従姉弟同士でこれはマズイよ」

「いいからいいから。従姉弟っていっても、誠也だってさっきから、私の胸をチラチラ見て喜んでるじゃない。それに、これも相談の続きだわ」

私は驚きのあまり、動けずにいました。その間も、聡美さんの指先は、ジャージ越しに私の股間を上下にこすりつづけています。

やがて、聡美さんはその愛撫に夢中になったようでした。バスローブの前が完全にはだけ、乳首が上を向いた形のよい胸が露《あらわ》になりましたが、まるで気にした様子もなく、指先の動きも止まりません。その光景と焦らすような指先の愛撫に、理性に反して私の股間はふくらんでいきます。

と、聡美さんは私の前に移動して膝をつくと、ジャージとパンツを一気に引きおろしたのです。硬くなった私のペニスは、バネ仕かけのように立ち上がりました。

「聡美さん！　やっぱり、これ以上はマズイよ！」

けれど彼女は、私の剝き出しになったものを軽く握ると、息がかかる近さまで顔を近づけ、前後左右、さまざまな角度から見回していったのです。

「すごいじゃない。こんなの、これまで見たことないわ。誠也がこんな立派なもの持ってるなんて、気がつかなかったなぁ」

聡美さんの声にはため息が混ざり、明らかに上ずっていました。

そしていったん手を離した十歳年上の従姉は、バスローブを足もとに落として、黒いパンティだけの姿になりました。目の前で聡美さんのまぶしい姿を見せつけられた私からは、抵抗する気などどこかに消し飛んでいくのがわかりました。

再び私の前で膝をついた聡美さんは、躊躇することなく私のペニスを頰張りました。カノジョはいやがって、頼んでもけっしてしてくれないフェラチオです。

初めてのくすぐったいような舌の動きと口の中の温かさ、その快感に腰が抜けるかと思いました。

「うっ！」

そして、自分でも気がつかないうちにソファの肘かけを強くつかんでいた私は、食いしばった歯の間からうめきを洩らすと、たまらず発射してしまったのです。

やっとペニスから口を離し、私の発射したものをテッシュに出すと、笑みを浮かべた聡美さんは、年上らしい余裕のある口調で言いました。

「まだまだ序の口、これからが本当のセックスだからね」

聡美さんは、私のジャージの上着とTシャツを脱がせると、見せつけるようにして自分も黒いパンティをおろしました。下の毛は、カノジョのそれとくらべて薄く柔らかそうで、少し茶色味がかっていました。

お互い生まれたままの姿になった従姉弟同士、今度は場所を入れ替えます。ソファに腰かけた聡美さんは、奔放な性格そのまま、大胆にスラリと長い脚を広げました。

(まさか、自分の家の応接間で、それも従姉の聡美さんを相手に、こんなことしちゃうなんて……)

ふと、そう思いましたが、目の前には脚の中心でサーモンピンクのあの部分が誘うように濡れて開いています。

私はもう何もかも忘れ、顔を近づけ舌を突き出しました。

聡美さんは短い喘ぎの合間に、ときどき「そこはもっと優しく」とか「そこをもう少し続けて」など、指示を出しました。そのうちに、溢れ出たヌルヌルが私の口の周りや鼻先まで濡らし、ベトベトにしていったのです。カノジョとは違う、聡美さんの匂いも強まってきました。

私のペニスはフェラチオで一回出してからも、まるで治まる気配がありません。

「そろそろ、入れたい？」

「は、はい」

ベッド代わりにもなる長ソファにあおむけになった従姉に私はのしかかり、手を添えたペニスの先端を、聡美さんのあの部分に押し当てます。

けれど、これだけ濡れているにもかかわらず、ほんの数センチは広げる感触はあるものの、それ以上は抵抗感があって頭の部分までも入っていかないのです。

「誠也のものが大きすぎるのよ。位置を代えて、私が上になろうか？」

挿入に手間取りあせりはじめた私に、聡美さんは半身を起こして言いました。

そして、今度は私をあおむけにさせるとペニスを握り、自分からあの部分に導いたのです。

そのまま聡美さんは、歯を食いしばって一気に腰を落としました。

「……！」

亀頭の張り出した部分に、強い肉の抵抗を感じた一瞬後、私のペニスは聡美さんの中にヌルリと根元まで入り込み、熱さと柔らかさに締めつけられる感触に包まれたのでした。

「ひいっ！　壊れちゃいそう！」

私の上で悲鳴に近い声をあげた聡美さんは、目をきつく閉じて、苦痛とも取れる表情を浮かべていました。

「大丈夫？　もしかして痛い？」

「久しぶりだから、少しは……ね。でも、すぐに慣れるし、こういうの好きだから」

目尻にうっすらとにじんだ涙を手の甲でぬぐった聡美さんは、ゆっくりと腰を上下させはじめました。

「き、気持ちいいよ、聡美さん」

「すごい！　私の中いっぱいに、誠也が入ってる！」

従姉弟同士、快感の言葉が口をつきました。

やがて聡美さんの腰の動きは速まり、つながった部分から泥の中に手を突っ込むような湿った音が響きました。

激しい動きで髪を振り乱し乳房を揺らす聡美さんを見上げていた私は、これは夢でも見ているのではないかと、冗談ではなく本気で思いました。けれど、私のペニスを包み込み刺激しつづける快感は、現実のものです。

そんなことを、ぼんやりと思っていたそのときでした。

聡美さんは、いやいやをするように首を左右に振って、背中をのけぞらしたのです。

「い、イッちゃう！」

次の瞬間、聡美さんは私の上に倒れ込み、ハアハアと荒い息をつきました。

一分ばかりそうしていたでしょうか、やっと呼吸がととのった聡美さんが、私の耳元でささやきました。

「カノジョ、まだ経験が浅いんでしょ」

「うん」

「それじゃ、こんなの入れられたら痛いだけよ。いまは、我慢しているだけ。でも、そのうちよさがわかってくると思うから、心配ないわ」

(そうかもしれないな)

私は、そのときのカノジョの表情を思い浮かべました。

「自分ばかり気持ちよければいいなんてダメよ。セックスは、お互いに気持ちよくならなきゃね」

「はい」

「それより、ねぇ、誠也。いまは我慢してくれたの?」

「さっき、聡美さんの口で出したから」

「それじゃあ、まだ楽しめるってワケね」

聡美さんは鼻の脇にしわを寄せて笑いを浮かべると、体を離しました。

ヌルンとした感触であの部分から抜かれたペニスは、まったく勢いを失っておらず、濡れて光っていたのが印象的でした。

ソファから降りた聡美さんは、手早くテーブルをずらすと、今度は四つん這いになりました。

「でも、入るかな?」

「さっきは無理やりだったけどちゃんと入ったし、もう慣れたと思うから、たぶん大丈夫」

もちろん、自分としてもこんな中途半端なかたちで終わらせたくはありませんでした。

従姉とこんなことをしてしまったことに、後ろめたさは感じましたが、一度も二度も同じことです。

私もソファから降りると、背後から聡美さんのくびれた腰に片手を添えて、片手は自分のペニスを握ります。

引き締まった聡美さんのあの部分に先端を合わせると、私は一気に貫きました。

まだ多少の抵抗感はあったものの、彼女の言ったとおり、私の大きさにあの部分が慣れたせいか、あるいは侵入する角度の問題だったのかもしれません。

そしてまた、聡美さんは大きな喘ぎ声をあげました。

「ああっ！　やっぱり、誠也ってすごい！　奥を突き上げられてるぅ！」

応接間の絨毯を強くつかみ、白く細い背中をくねらせる従姉に、私も一気に高まりました。

さらにこの体位だと、聡美さんの中を出入りする自分の濡れて光るペニスを観察することができます。

やがて私は、自分の興奮が頂点に達しつつあることを悟りました。

「聡美さん、俺、そろそろイキそうだよ」

「出して！　誠也の、出してほしいの！」

聡美さんのあの部分は、その言葉をそのまま反映しているかのように、私のペニスを離すまいと狭くなり、聡美さんは反らせた背中と肩をビクビクとふるわせました。

同時に私も頂点を迎え、ドクンドクンと頭にまで響くような力強さで、ペニスが脈打ちました。

自分でもビックリするような快感、そして充実感に満たされた私まで、知らぬ間にガクガクと震えていたほどです。

（これが本当のセックスなんだな……）

ペニスを抜いた瞬間、絨毯にぐったりとうつ伏せになった従姉のあの部分から溢れ出る、私が注ぎ込んだものを眺めながらそう思いました。

それから、互いに裸のまま、のどの渇きを癒すため、またビールを飲みはじめました。いつもの従姉に戻った聡美さんは、笑いながら乱れた髪をかき上げ、言いわけを口にします。

「やってもいない浮気を疑われたんだもん、ほんとうにヤッちゃわないと損だしね。誠也を誘うなんて、直前まで自分でも思ってもみなかったけど、急にその気になっちゃったのよね。でも、すごくよかったよ」

「これって、秘密だよね」

「あたりまえじゃん。従姉弟同士、しかも私のほうがずっと年上だけど、男と女ってそういうもんだから仕方がないわ。気にすることなんてないって」

サバサバとした口調で言った聡美さんは、私の頬にキスをしました。

その日は両親が戻る夜まで、途中で休憩をはさみながら四回も求め合いました。

その後はチャンスがあれば親の目を盗んで、キスをしたり食卓のテーブルの下で愛撫し合ったりは日常茶飯事となりました。どうしても我慢できなくなると、外で落ち合ってラブホテルに行きました。これは、「誠也が相手だと、自然と大きな声が出ちゃう」という、聡美さんからの要望でそうなったのです。

それから三カ月ばかりして離婚が成立し、聡美さんが新しくマンションを借りてからは、それこそ三日に一度のペースで、彼女の部屋で楽しむようになりました。

そんな日々が一年ばかり続いたある日、「私、好きな人できちゃったから、再婚することにしたんだ。相手はアメリカ人なんだけどね。これからは、誠也はカノジョを大切になさい」と明るく言われました。

もちろん、聡美さんと平行してカノジョとも会っていた私ですが、聡美さんのアドバイスもあって、そのころには、カノジョもフェラチオをいやがらないようになっていました。

いまは大した罪悪感も持たず、よい思い出になっているのは、この年上の従姉の明るいキャラクターのおかげだと、しみじみと思う私です。

実兄公認のもと、兄嫁の熟れた肉体を欲望のまま思う存分味わいつくし……

高倉修司　清掃業　五十二歳

これは兄から自宅に招かれた春先の話で、最初は兄嫁の美希子《みきこ》ちゃんと三人で飲む予定でした。

ところが兄から連絡が入り、仕事でトラブルが発生したため、すぐには帰れない、先に始めていてくれと言われ、美希子さんと二人で飲むことになったんです。

彼女は女盛りの四十二歳で、兄より十四歳も年下でした。

アーモンド形の目、すっと通った鼻筋、情熱的な唇に肉感的な体つきと、いわゆる男好きのする色っぽい女性です。

兄の働いている会社の元部下で、一度離婚歴があり、三年前に結婚した当初はやっていけるのかと心配したものでした。

ところが、二人はいつ会っても仲がよく、いつしか気にかけることはなくなっていました。

「修司《しゅうじ》さんは、結婚しないの？」

「また、その話？　この歳になってから結婚してもね。そんなことより、兄貴の奴、いつごろ帰ってくるって？」

「十時過ぎちゃうかもしれないって」

「……そう、まあ、明日は土曜で休みだしね」

「泊まっていけばいいって言ってたわ」

リビングでなにげない会話を交わしつつ、壁時計を見上げると、まだ午後七時を過ぎたばかりでした。

美希子ちゃんもお酒はいける口で、時間はあっという間にたってしまうはず。そう考えた私は、いつもどおり、ビールを三本空けてからワインを飲みはじめました。

一時間ほどが過ぎたころだったでしょうか。彼女の頬は真っ赤に染まり、私も酔いが回りはじめていい気分になっていました。

「つきあってる子は、いないの？」

「だから、いないって。何度も言ってるでしょ」

「モテるタイプだと思うんだけどなぁ」

この日の美希子ちゃんはヨイショが多く、酒をやたら勧めてきて、ちょっと妙だなとは感じていたのですが、その思いは彼女がトイレから戻ったあとにより強くなりました。

なぜか真っ赤な口紅を引き、カーディガンを脱ぎ捨て、ブラウスの第一ボタンをはずしていたんです。

「ね、となりで飲んでいい？」

「え？　べ、別にいいけど」

彼女がソファのとなりに座ると、甘い匂いが鼻先をかすめ、どうやら香水もつけているようでした。

淫靡な雰囲気が室内に立ちこめ、襟元からのぞく胸の谷間にドキリとしました。

しかもバストの頂点は小さな肉粒がくっきり浮き立ち、明らかにブラジャーを着けていなかったんです。

どういうつもりなのだろうと、落ち着きなく肩を揺すると、美希子ちゃんは体を寄せてきて、とんでもない言葉を投げかけました。

「じゃあ、あっちのほうはどうしてるの？」

「え、あっちって……何のこと？」

「男の人は、発散しなきゃだめでしょ？」

「おいおい、あまりにもストレートすぎるって」

照れ笑いでごまかそうとしたものの、彼女はあだっぽい顔つきをし、熱い視線を向けてきました。

ひょっとして、兄貴では物足りない思いをしており、義理の弟を誘惑しようとしているのではないかと思いました。

あっけらかんとした性格はわかっていましたが、とんでもない女と結婚したもんだと複雑な心境になる一方、体はカッカッと火照り、胸が妖しくざわつきました。

恋人のいない私は風俗で性欲を発散していたのですが、ギャンブルでかなりの額を使ってしまい、三カ月ほどご無沙汰していたんです。

「私でよかったら……」

「は？」

意味深な笑みを目にした瞬間、ズボンの中のペニスが体積を増し、さらには太ももに手を置かれ、全身の血が沸騰しました。

「ま、待ってよ、美希子ちゃん、いったいどうしちゃったの？」

「いやなの？」

唇をツンととがらせる仕草が愛くるしくて、兄貴でなくても、普通の男ならイチコロで参ってしまうはずです。

もちろん義理の姉に手を出せるわけがなく、私は困惑顔で拒絶しました。

「そ、その……いやとかじゃなくて……そんなことできるはずがないだろ」

たどたどしい口調でたしなめたものの、彼女が次に放った言葉は脳天を雷のように貫きました。

「大丈夫よ。あの人も、承知してることだから」

「え、え、どういうこと？」

私は美希子ちゃんに向きなおり、真剣な表情で事の真偽を確かめました。

とたんに熟女は気まずそうに顔をそむけ、やがてぽつりぽつりと真相を語りはじめたんです。

「一年ほど前から……できなく……なっちゃったの」

「何が？」

「……あれ」

「あれって、あれ？」

コクリとうなずく彼女を、私は愕然と見つめました。

兄貴は、今年五十六歳。私と違って子どものころから出来がよく、部長に昇進してから忙しい日々を過ごしていることは知っていましたが、まさか不能になるとは思ってもいませんでした。

「病院には行ったの？」

「薬は飲んでるんだけど、いっこうによくならなくて……それでね、浮気をしてもいいって言われたんだけど、そんなことできないでしょ？」

「う、うん」

「断ったら、じゃ、修司さんならどうかって」

「ええっ！」

「変な男を相手にするぐらいなら、俺も安心だって」

「そ、そんな……」

衝撃的な告白に、私は茫然自失《ぼうぜんじしつ》するばかりでした。

繊細な性格の兄貴からしてみたら、確かに隠れて浮気されるよりはましなのかもしれません。

美希子ちゃんにしても、女盛りを迎え、男っ気なしで過ごすのはさぞかしつらいことだと思います。

だからといって、はい、そうですかと、兄貴の妻を抱けるはずもありません。

「でも、やっぱり……あ」

はっきり拒否しようとした刹那、熟女は股間に近い太ももをなでさすってきました。

快感電流が中心部にビリビリ伝わり、恥ずかしながらズボンの下のペニスがいやが上にも反応してしまったんです。

さらに美希子ちゃんはワインを口に含み、唇を寄せてきました。

「あ、あ、ちょっと……あ、んむぅ」

唇が重ね合わされ、甘ずっぱいアルコールが口の中に注ぎこまれました。

続いて柔らかい舌が差しこまれ、チュッチュッと吸いたてられたんです。

いつの間にか豊満なバストを腕に押しつけており、脂の乗りきった熟れた肉体に頭の芯が甘くしびれました。

私は無意識のうちに手を伸ばし、胸をまさぐりながら舌を絡めていました。

もちろん兄貴に対して申し訳ないという気持ちはあったのですが、誘惑にあらがえないほど美希子ちゃんの魅力に惹かれてしまったんです。

もしかすると彼女は、全身から大量のフェロモンを発していたのかもしれません。

「ふっ、んっ、ふっ、んぅぅ」

鼻から甘ったるい吐息を放ち、舌が抜かれるような激しいキスに意識が朦朧《もうろう》としました。

「む、むう」

彼女はさらに顔を傾け、大口を開けて私の口の中を隅々まで舐め回しました。食べられてしまうのではないかと思ったほどで、あんな情熱的なキスをされたのは初めてのことです。

股間の頂をやんわりもまれると、罪の意識はついに頭から消し飛びました。

「ぷふぁ」

長いキスがようやく途切れ、ソファに背もたれたあとも、美希子ちゃんは股間のふくらみをずっとなで回していました。

「すごいわぁ……コチコチ」

熟女はテントを張った逸物に熱い視線を注ぎ、唇を舌で何度もなぞり上げました。その表情がまた色っぽくて、男心をなおさらあおるんです。ズボンの下のペニスは完全に勃起し、激しい脈を打っていました。

「あぁ……いけない……いけないよ」

かすかに残る理性で咎《とが》めたものの、体は快楽にどっぷりひたり、指一本動かすことができませんでした。

「あ、あ……」

しなやかな指がベルトをゆるめ、ズボンのホックをはずすと、身を裂かれるような羞恥心が襲いかかりました。

この日は仕事帰りに寄ったため、汗をたっぷりかき、シャワーを浴びていなかったのだから当然のことです。

顔を真っ赤にして身悶《みもだ》えたものの、美希子ちゃんは口元に淫靡な笑みを浮かべ、チャックを引きおろしました。

「お尻を上げて」

「ああ、ああっ」

荒ぶる昂奮に拒絶の言葉を返せないまま、私は催眠術にかかったように臀部を上げていました。

彼女はソファから下り立ち、ズボンをトランクスごと引きおろし、私はついに欲情した姿を兄嫁の前にさらしてしまったんです。

猛々しい牡の肉は反動をつけて跳ね上がり、自分でもびっくりするほどの逞しさを見せつけていました。

スモモのように張りつめた亀頭、横に突き出た肉傘、葉脈状に浮き出た青筋と、全体が鬱血《うっけつ》し、鈴口には早くも先走りの汁がにじんでいました。

汗臭い匂いが鼻先にただよったときの恥ずかしさはいまだに忘れられず、きっと泣きそうな顔をしていたのではないかと思います。

対して美希子ちゃんはのどをコクンと鳴らし、もはやこちらの様子をチラリとも見ようとはしませんでした。

「はあ……ホントに……すごいわ」

「あ、うっ」

指先が胴体に絡まり、軽く上下にしごかれただけで、前触れの液がジュプリと溢れました。

「おおっ、おおっ」

昂奮のあまり、まともな息継ぎができず、私はただ股間を注視しては獣のような喘ぎ声をあげるばかりでした。

「逞しいのね。あの人よりも全然大きいわ」

長年肉体労働に従事してきたため、体力には自信がありましたが、さすがに五十路を超えてからは精力減退を自覚していたんです。

にもかかわらず、ペニスは隆々と反り勃ち、萎《な》える気配を見せませんでした。

一般女性との情交は十年以上もなく、風俗とはまったく違う新鮮なシチュエーションが大きな刺激を与えたのだと思います。

美希子ちゃんは顔を股間に寄せ、小鼻をふくらませました。

「あ、は、恥ずかしいよ」

身をくねらせるなか、熟女は微笑を浮かべたまま頬にペニスをこすりつけ、熱い溜め息をこぼしました。

「あぁ……いい匂い」

続いて横べりから唇を這わせ、亀頭にソフトなキスを浴びせてくる彼女の顔は愉悦に満ち、この瞬間を長い間待っていたといった印象を持ちました。

深紅のルージュが肉胴にべったり張りつく光景、めくれ上がった唇のなんと卑猥なことだったか。

ペニスは瞬《また》く間によだれまみれになり、照明の光を反射してぬらぬら輝く様もやたら昂奮しました。

「はあふう、はあ」

やがて彼女は真上から大量の唾液を滴《した》らせ、今度は裏筋から縫い目とカリ首を舐めたてきました。

「おっ、おっ」

ペニスはビクビクとしなり、二つの睾丸がキュッと吊り上がりました。

このときには一分一秒でも早く最後の一線を越えたくて、牡の欲望は限界までふくらんでいたんです。

美希子ちゃんがいったいどんなフェラチオをするのか、期待感もありました。

彼女はペニスにたっぷりの唾液をまとわせたあと、ふっくらした唇を開け、亀頭を真上からがっぽり咥えこみました。

「ぐっ、くっ」

ヌルリとした感触が胴体をゆっくりすべり落ち、私は身も心もとろけそうな感覚に酔いしれました。

しかも、スライドの合間に舌がカリ首をなぞり上げてくるのですから、風俗嬢さえ見せたことのないテクニックに内腿の筋肉が痙攣を起こしました。

「ふっ、んっ、ふっ、んっ！」

美希子ちゃんは鼻から甘ったるい声をこぼし、徐々に首の打ち振りを速めていきました。

これがまた凄まじいフェラチオで、ペニスをもぎ取るような吸引力なんです。

じゅーっ、じゅーっ、じゅる、じゅぱぱぱっと、派手な音を響かせ、さらには顔をS字に振ってきりもみ状の刺激まで与えてくるのですから、私は瞬時にして撃沈寸前まで追いたてられました。

「はっ、おっ、おおぉっ」

唇をゆがめて耐えるなか、美希子ちゃんの口戯はますます熱を帯び、大きなストロークでペニスをしごきまくられました。

女性も欲求不満になると、これほどあからさまにエロくなるのかとびっくりしたほどです。

もちろんフェラで射精するわけにはいかず、震える声で我慢の限界を訴えました。

「も、もう出ちゃうよ」

「んっ、ぷふぅ」

いくら性欲が強いとはいっても、さすがに私の年齢でインターバルなしの二回戦はこなせません。

経験豊富な熟女もよくわかっているのか、すぐさまペニスを口から抜き取り、甘く睨《にら》みつけました。

「だめ、こんなんでイッちゃ」

潤《うる》んだ瞳、ピンク色に上気した頬、なまめかしく濡れ光る唇と、あの色っぽい表情を目にしたら、どんなまじめな男でも拒否はできないはずです。

「……美希子ちゃん」

再び唇をむさぼり、ブラウスのボタンをはずして手を合わせ目から差しこむと、たわわに実った乳房がぶるんと揺れ、グミのような乳首の感触に狂喜しました。

手のひらからはみ出すほどのボリューム感にペニスはいきり勃ち、今度は右手をスカートの中にもぐりこませた瞬間、私は心のなかであっという声をあげました。

なんと、彼女はショーツをはいていなかったんです。

剝き出しの女肉はすでに陰唇がめくれ、とろとろの内粘膜と大量の愛液が手をビチャビチャに濡らしました。

「んっ、ふうぅ」

大きなクリットをすぐさま探し当て、コネコネとあやすと、美希子ちゃんは熱い吐息を吹きこみ、またもやペニスに手を伸ばしてきました。

にちゃにちゃと音が立つほど激しくしごかれ、いよいよ限界に達した私は熟女をソファに押し倒し、足元に絡まっていたズボンとパンツ、そしてシャツを脱ぎ捨てて全裸になりました。

続いてスカートをたくし上げ、熟女の花園がさらけ出されると、薄い翳《かげ》りを作る陰毛、包皮の剝き上がったクリトリス、すっかり溶け崩れた肉びらと、発達した女肉の連なりに胸が騒ぎました。

両足を目いっぱい開かせたところで、三角州にこもっていた女の匂いがぷんと立ちのぼり、ペニスが完全な臨戦態勢をととのえました。

「いやぁ」

経験豊富な美希子ちゃんでも、あそこをじっと見られるのはいやだったのかもしれません。腰をくねらせて恥じらう姿が、さらに私の男を奮い立たせました。

「あ、ひぃぃっ」

ふっくらした恥丘にかぶりつくと、熟女は身を反らし、甲高い悲鳴をあげました。

クリトリスを陰唇ごと口内に引きこんで吸いたてれば、愛液は無尽蔵に溢れ出し、口の周りがあっという間にベトベトになりました。

「あっ、やっ、んっ、はっ、ふぅ」

美希子ちゃんの乱れようは凄まじいもので、軟体動物のように身をくねらせ、セミロングの髪を振り乱して悶絶《もんぜつ》しました。

小さな硬いしこりを口の中でクニクニと舐め転がした直後、クンニリングス開始から三分と経たずに絶頂を迎えてしまったんです。

「あ、イクっ、イクぅっ」

全身をビクビクとひきつらせ、ヒップを派手に揺する姿は壮観の一語でした。

早く結合したいという思いはあったものの、イニシアチブをとられたままでは男がすたります。

私は身を起こしざま膣口に人差し指と中指を差し入れ、膣の上をこすりながら空いている手でクリトリスをなでさすりました。

「あ、ううっ」

熟女は眉尻を下げ、縋《すが》りつくような視線を向けました。

悩ましい表情を見おろしつつ、指の動きを速めると、ヒップが大きく回転し、彼女の顔がくしゃりとゆがみました。

「あ、あぁ、だめぇ」

膣肉が指をキュンキュンと締めつけた瞬間、陰唇の狭間から透明な液体がジャッとほとばしり、私の腕をびしょ濡れにさせました。そしてこちらが目を丸くするほど潮を吹いたあと、泣き声で訴えてきたんです。

「入れて、もう入れて！」

私のほうも我慢の限界を迎え、息せき切って足の間に腰を割り入れました。

ぽっかり空いた膣の入り口に亀頭の先端をあてがい、気合いを込めると、カリ首はさほどの抵抗もなく埋めこまれ、膣道をゆっくり突き進んでいきました。

ぬっくりした柔らかい感触と快感は、いまだに体に刻みこまれています。

とろとろの膣壁が生き物のようにうねり、ペニスをやんわりもみこんでくるのですから、熟れた肉体のすばらしさには感動すら覚えました。

「あっ、あっ、んぅっ」

美希子ちゃんも待ちに待った瞬間だったのか、全身をこわばらせ、体内を貫くペニスの感触を心の底から味わっているようでした。

「お、お、気持ちいい」

「は、ふぅ」

しばしの一体感を満喫したあと、ゆったりしたピストンを開始すると、とたんにヒップがくねりだし、こなれた膣肉がペニスを引き絞ってきました。

締めつけは緩すぎず強すぎず、胴体をまったり包みこんできたんです。

チ○ポばかりか、骨までとろけそうな感覚に酔いしれながら、私は腰のスライドを徐々に速めていきました。

「ん、は、いい、はあぁっ」

熟女は口を半開きにしたまま悦の声を放ち、こちらは汗だくになって腰を振りつづけたのですが、彼女には物足りなかったのかもしれません。

さすがに寄る年波には勝てず、ピストンをストップさせて肩で息をしていたところ、美希子ちゃんは身を起こして言いました。

「今度は上に乗らせて」

「あ、ああ」

いったんペニスを膣から抜き、ソファに座りなおすや、彼女はブラウスとスカートを脱ぎ捨ててから私の腰を跨《また》ぎました。

「ん、んっ」

ペニスに指を添えて膣内に招き入れ、大きなヒップが沈みこんでいくと、乳房がぶるんと揺れ、乳肌の上を汗のしずくがツツッと滴りました。

深く結合したところで乳房に手を這わせ、もみしだいたまではよかったのですが、美希子ちゃんのピストンは私の予想を遥かに上まわるほど激しかったんです。

どっしりしたヒップをグリンと回転させたあと、上下のスライドが始まり、心地いい圧迫感が下腹部に襲いかかりました。

最初は恍惚《こうこつ》に顔をゆがめていたのですが、ヒップのしゃくりは目に見えて速度を増し、まるでトランポリンをしているかのように跳ね上がりました。

「ぐ、ぐおっ」

「あぁ、あぁ、いい」

息が止まるほどの勢いで、腰を使うことがまったくできなかったんです。

結合部からぐちゅんぐちゅんと卑猥な音が鳴り響き、滴り落ちた大量の愛液で睾丸までぐしょ濡れの状態でした。

「はぁあぁん、硬い、おっきい！」

「あ、う、み、美希子ちゃん」

「あ、はぁあぁっ！」

こちらの言葉が耳に届かないのか、豊満な腰が目にもとまらぬスピードで上下し、高らかな嬌声が耳をつんざきました。

あのときは冗談ではなく、ほんとうにペニスが折れるのではないかと思ったほどです。

柔らかい粘膜にペニスを縦横無尽にもみ転がされ、快楽の風船玉が限界ぎりぎりまでふくらみました。

「ああ、み、美希子ちゃん、イッちゃう、イッちゃうよ」

「私もイクっ、イッちゃう！」

先端が子宮口にガツンと当たる感触を覚えた瞬間、私は彼女の中にありったけの男の証《あかし》を放出してしまったんです。

私たちはしばらく抱き合ったまま快楽の余韻にひたっていたのですが、リビングの入り口で人影が揺らめいたのは目の錯覚ではなかったと思います。

兄貴にまちがいなく、残業というのは嘘で、こっそり様子を見に帰ってきたのでしょうが、はたしてどんな思いでのぞいていたのか。

同じ男としてやるせない気持ちになったものの、美希子ちゃんとのエッチが忘れられず、いまだに兄貴の了解のもと、定期的に関係を続けているんです。

ずっと憧れていた美姉の結婚式前夜
お風呂に誘われ最後の思い出づくりを

笠本雄一　会社員　五十八歳

私と姉の間には、四十年前に交わしたある約束があります。

これまで誰にも話さずにいましたが、思いきって打ち明けることにしました。

一人っ子が多い現在とは違い、昔はどこの家庭でも兄弟がいるのは普通でした。それこそ五人、六人といる大家族も珍しくはなかったほどです。

私と姉の美咲《みさき》は二人姉弟ですが、七つも年が離れています。なんでも弟が欲しいと両親に何度もおねだりしたそうで、そのおかげで幼いころから姉にはたいそうかわいがられてきました。

私にとって姉は、きれいで優しいお姉ちゃん、と人に自慢できるほどでした。

特に姉は中学生になるころから、目に見えて美しく、そして大人びていくのがわかりました。体の成長も私は毎日しっかりと、この目で見ていたのです。

というのも私は十一歳になるまで、姉といっしょにお風呂に入っていたからです。

私が十一歳だったころの姉は十八歳。肉体が大人に成長する時期です。日に日にふくらんでゆく乳房や、濃く広がってゆく股間の毛を、私はずっと風呂場で観察してきました。

最初は物珍しさから、やがて好奇心が勝るようになり、体を洗ってもらっているときにもジロジロと見ていました。

「もうユウったら。なんでお姉ちゃんのあそこばっかり見るの？」

「だって変な形してるんだもん。なんでここに毛がいっぱい生えて割れてるの？」

と、妙な質問をして困らせたものでした。

私はこうして姉の裸で女の体を意識するようになり、性に目覚めていったのです。

とにかく姉の体は美しくエロティックでした。豊かな乳房のふくらみの先に、ピンク色の乳首がツンととがっています。腰回りがキュッとくびれ、そのわりには大きなお尻はまるまるとした見事な形です。

こんな裸をいくらでも眺められるのだから、お風呂の時間は毎日楽しみでなりませんでした。

しかしそれは同時に、ある悩みを私に引き起こしました。私も体が成長し、ペニスが勃起するようになったのです。

あるとき入浴中に不意に勃起してしまい、私はあわてて股間を隠しました。姉は気づいていませんでしたが、私にとっては大きな出来事でした。

それまでは姉に裸を見られても平気だったものの、急に照れくさくなったのです。

それ以来、私は姉と入浴するのをやめました。

相変わらず私を溺愛していた姉は「どうしていっしょにお風呂に入ってくれなくなったの」とさびしそうでしたが、理由が言えるはずもありません。

ちょうど反抗期でもあり、大好きな姉の前でもよそよそしい態度が増えていきます。

次第に会話も減っていきました。

やがて姉は短大を卒業し、ある会社で事務員として働くようになりました。そして私が十七歳、姉が二十四歳になったある日のことです。大事な話があるというので家族全員が呼び出され、突然、結婚したい相手がいると打ち明けられたのです。

なんでも相手は同じ会社の六つ年上の男性で、裕福な家庭の育ちのいい人だとか。

半年ほどおつきあいをし、誠実な人柄にも惹かれたというのです。

知らせを聞いた両親はとても喜んでいましたが、私は複雑な気分でした。

距離を置いていたとはいえ、私はずっと姉のことが好きでした。それも家族だからではなく、一人の女性として好きになっていたのです。

それなのに見知らぬ他人に奪われるなど、想像したくもありませんでした。その晩は悔しくて布団に入って涙を流しました。

しかしそんな思いが伝わるはずもなく、とうとう結婚式の前日を迎えました。

「ユウくん、ちょっといい？」

深夜、私が机に向かってラジオを聞いていると、突然姉が部屋にやってきたのです。

「なんだよ、姉ちゃん」

「あのね、頼みがあるの」

相変わらずぶっきらぼうだった私は、ろくに姉の顔も見ずに返事をしました。もう明日には姉が嫁《とつ》いでしまうというのに、まだ素直になれなかったのです。

いったいいまさら何の頼みだろうと思っていると、

「いまから昔みたいに二人でお風呂に入らない？」

と言うではありませんか。

「何言ってんだよ。おれたちもうそんな年じゃないのに」

「いいじゃない。もう何年もいっしょに入ってないんだし。最後に二人で思い出づくりをしたいの」

最初は驚きましたが、姉は本気のようでした。私とはぎこちない関係が続いていたので、最後の夜くらいは昔のような仲のいい姉弟に戻りたかったのでしょう。

そういうことならと、私は姉の頼みを聞くことにしました。渋々といった態度でしたが、内心は飛び上がらんばかりに喜んでいました。

両親にバレるとまずいので、起こさないようこっそりとお風呂にお湯を張り、二人で脱衣所に入ります。

昔はこうして着替えをするのもいっしょでした。しかし六年も過ぎたいまとなっては、さすがに抵抗があります。

ところが私と違って姉は、昔と同じようにあっさりと服を脱ぎ、裸になってしまいました。

「ユウくんがいっしょにお風呂に入ってくれなくなって、お姉ちゃんさびしかったんだよ。あれからなんか冷たくなったし。嫌われたのかなってずっと心配だったんだから」

ブラジャーを脱ぎ、ショーツも足首までおろしてしまった姉の後ろ姿を、私はこっそりと眺めていました。

ドキドキしながらも、勃起しないよう自分に言い聞かせていました。ここで見られてしまっては、せっかくの思い出づくりが一生ものの恥になってしまいます。

どうにか興奮を抑えながら私も服を脱ぎ、二人でお風呂場に入りました。

小さかったころの私は、真っ先に湯船に飛び込んで姉にお湯をかけて遊んだものです。さすがに十七歳になってそんなこともできず、お互い淡々と湯船につかって向き合いました。

「なんでお姉ちゃんのこと、ちゃんと見ないの？　さっきからずっと顔を逸《そ》らして」

「だって照れくさいだろ。この年になって姉弟でお風呂なんて」

姉は笑っていましたが、ほんとうはまともに裸を見てしまうと、我慢できなくなりそうだったのです。

久しぶりに目の当たりにした姉の裸は、以前よりも美しくなっていました。

さらに豊かになった乳房のふくらみと、可憐《かれん》な乳首がいやでも目に入ってきます。

高校生だったころよりも成熟し、大人の魅力を感じさせました。

それだけに私にとっては拷問に近い状況でした。こんなに間近で姉の裸を見ておきながら、興奮を抑えつけなければならないのですから。

しばらくたわいもない話をし、ようやく気持ちも落ち着いてきたところで、姉が私に言いました。

「ユウくん、体洗ってあげるよ」

なんとか我慢してきたのに、一難去ってまた一難の状況でした。

私が「いいよ」と言っても、姉は「遠慮しないで」と引き下がりません。あまり拒《こば》むと不審に思われるので、結局は姉の言うとおりにしなければなりませんでした。

湯船から上がり、洗い場に腰をおろします。姉は私の背中をゴシゴシと石鹼のついたタオルで洗いはじめました。

「どう？ 気持ちいい？ 昔はいつもこうしてあげたもんね」

昔の私は姉に背中を洗ってもらうのが大好きでした。力加減が絶妙でとても気持ちよかっただけでなく、ときおり乳房のふくらみが背中にあたったからです。

もしいまそんなことをされれば、まちがいなく勃起してしまうでしょう。私は期待しつつも不安を感じるという、とても複雑な心境でした。

と、私の不安が的中しました。わざとなのかそうでないのか、やわらかな感触がツンと背中に押し当てられ、一気に股間が熱くなりました。

もう限界です。とうとう私のペニスはムクムクとふくらみはじめました。

私がそれを隠そうと足を閉じると、姉は不自然な動きに気づいたようです。

「あ、もしかしてアレが硬くなっちゃったんでしょ」

「なってないよ」

「ウソ。じゃあ見せてみなさいよ」

私は必死になってあらがいましたが、姉は隠していた手を強引に開いてしまいました。

ついに勃起したペニスを見られてしまいました。おかしそうに笑う姉を前にして、私は顔から火が出る思いでした。

「もういいよ。おれ、先に出るから」

これ以上みっともない思いはしたくないと、私は立ち上がって風呂場から出ようとしました。

すると、あわてて姉は私の腕をつかんで引き止めるのです。

「ごめんごめん。もう笑わないから。もうちょっとだけいっしょにいて」

姉に言われて、私はもう一度座り直しました。もっとも、勃起したペニスは収まるどころか、いきり立ったままです。なんとも気まずい心境でした。

「ユウくん、お姉ちゃんの裸を見てそうなっちゃったの?」

「……うん、まあ」

私は正直に答えました。いまさら隠そうにも手遅れでしたから。

これでは軽蔑されても仕方がないと覚悟していると、姉は思いがけないことを言いました。

「こっちを見て」

「えっ」

「いいから、こっちを見て」

背中を向けて座っていた私は、言われるままに体を姉に向けました。

しかし、湯船に入っていたときと同じように、照れくさくてまともに見ることはできません。できるだけ裸が目に入らないように視線を逸らしていました。

「そんなに気を遣わなくてもだいじょうぶだから。今日はお姉ちゃんの体、いくらでも見ていいんだよ。恥ずかしがらないでちゃんとこっち向いて」

と優しく言ってくれました。

私も勇気を出して、まじまじと正面から姉の裸を見つめます。

姉は膝を立てて足を広げた姿勢で座っていました。股間の毛どころか、その奥まで丸見えでした。

私が以前に好奇心でのぞき込んでいた割れ目を、わざと見せてくれているのです。

「ここ、見たかったんでしょう？　もっと近くで見てもいいよ」

信じられないことに姉はわざわざ立ち上がり、私が見やすいように股間を顔に近づけてくれたのです。

生唾を飲み込んだ私は、夢中になって姉の秘部を眺めました。

お湯で濡れた濃い陰毛と、ぷっくりとした割れ目は、記憶にある昔とまったく変わりません。

しかし割れ目の奥だけは、のぞいたことがありませんでした。何度も想像しては自慰にふけった、見たくて見たくてたまらなかった場所です。

こうなれば全部見てしまおうと、割れ目を指で広げました。

中はピンク色の粘膜が広がっています。二枚の花びらが分かれると、そのさらに奥には小さく窪んだ穴がありました。

あまりに鮮やかな眺めに、私はしばらく息をするのも忘れていました。覚えたばかりの性知識で膣やクリトリスを確認し、目に焼きつけました。

ずっと割れ目を広げられたままでいると、さすがに姉も恥ずかしそうでした。しかし私のために我慢してくれています。

「あんっ……」

姉が小さな声を洩らしたのは、指がクリトリスに触れたときです。

そのとき私は、聞いてはいけない声を聞いてしまったような気がしました。同時に初めて耳にした姉の色っぽい声に、激しく興奮してしまったのです。

カーッと頭のなかが熱くなった私は、クリトリスを集中的にいじりました。

「あっ、ダメ……そこ、ダメなの」

姉の言葉も聞かず、さらに指を動かしていると、膣から一筋のしずくが垂れてきました。

トローッと溢れてきた液は、股間から太ももへ伝っていきます。それが感じているときに出るものだと私はすでに知っていました。

「姉ちゃん……ここ、舐めていい？」

気持ちが昂《たかぶ》るあまり、ふるえる声で私は尋ねました。

姉は一瞬「えっ!?」と言葉を失っていたものの、すぐに思い直して「いいよ」と言ってくれました。

私はすぐさま股間に顔を埋《うず》め、舌を出して舐め回しました。

「あっ、待って。そんなに……やめて、ああんっ！」

あまりに激しくむしゃぶりつきだしたので、姉もとまどったのでしょう。

しかし私はもう止まりません。しっかりと両手で足を押さえつけたまま、ひたすら股間に舌を走らせました。

しずくが溢れている膣口をグリグリと舌先でこそぎ、感じやすいクリトリスは念入りに愛撫します。

次第に「ダメ、ダメぇ」という声が小さくなり、やがて喘ぎ声へと変化しました。

「はぁんっ、ああっ……いいっ、もっとぉ」

とうとう姉のおねだりの声まで聞くことができたのです。

私の舌で姉を感じさせていると思うと興奮が止まりません。いつもは見せない淫らな一面を、もっと暴いてやろうと必死になっていました。

ようやく私が顔を離したのは、姉の足元がふらついてきたからです。

そろそろ限界だろうと悟って見上げると、姉の顔は真っ赤で呼吸も乱れていました。

「もう、何度もやめてって言ったのに。あんなに舐めるなんて」

どうやら姉はちょっと拗《す》ねているようでした。あまりに私がしつこく顔を離さなかったからでしょう。

「でも姉ちゃんだって感じてたじゃないか。もっとなんて言ってたくせに」

私がそう言い返すと、姉は恥ずかしそうに「言ってない」と口をとがらせます。

「言ったよ」

「言ってないってば」

そう言い合いになると、やがて子どもじみた口ゲンカになり、

「スケベ」

「そっちこそ」

ここでお互いに笑い合い、なんだか昔に戻ったような気がしました。

優しい笑顔に戻った姉は、私を正面に立たせました。そこで私の唇にキスをしてきたのです。

「ユウくんはキスしたのは初めてだよね」

「うん……」

「お姉ちゃんが初めてでもよかった？」

私はうなずきました。ファーストキスの相手が姉なんて最高でした。

ついでに姉は私の手を取り、乳房にもさわらせてくれました。

プリプリと弾力があって手のひらを押し返してきます。あまりのやわらかさに、つい手に力が入ってしまいます。

おそらく私がやりたいであろうことを、思い残さないようにすべてやらせてくれるつもりなのでしょう。姉のそんな気づかいに感謝しつつ、たっぷり乳房をもみしだか

せてもらいました。

するとと乳房をさわらせていた姉が、今度は私のペニスをさわりはじめました。

カチカチに勃起したそこは、皮が剝けたばかりでとても敏感です。姉の手に包まれて刺激が走り、思わず腰を引いてしまいそうになりました。

「すごい元気だね。いつの間にこんなに立派になっちゃったの」

感心しながらしごいていた姉が、驚くようなことを始めたのです。

おもむろにしゃがんでペニスに顔を近づけたかと思うと、ぺろりと舌を走らせてきました。

一瞬、私は体に電気が走ったように感じました。こそばゆくて気持ちいい、これまでになかった刺激です。

「ね、姉ちゃん……！」

とまどっている私に、姉は繰り返し亀頭に舌をこすりつけてきます。

そのたびに快感が走り、私は声も出なくなりました。

さっき私が舐めてあげたお返しをしようとしているのでしょうか。ただ舐めるだけでなく、口に含んでレロレロと舌を使ってもてあそびはじめました。

あの優しくきれいだった姉が、ひざまずいてペニスを咥えている。これまで想像もしていなかった光景です。

「ンッ……」

ときおり色っぽい声を出しながら、唇をすぼめて深く呑み込んでくれます。私は背筋がふるえるほどの快感にじっと耐えていました。剝けたばかりのペニスには過剰なくらいの刺激です。

ふと私はあることを思いつき、聞いてみました。

「姉ちゃんは、あいつにいつもこんなことしてあげてるの？」

「ナイショ」

姉はごまかして教えてくれません。しかし私には、姉が婚約者に同じことをしている姿が目に浮かび、激しい嫉妬を覚えました。

ただ私にはそれ以上の余裕はなく、すぐに快感に引き込まれました。

どれくらい咥えてもらったでしょうか。やがて姉は口からペニスを吐き出すと、私を見上げてこう聞いてきました。

「ユウくん、お姉ちゃんとセックスしたい？」

「したい、したいよ」

私は本気で答えました。ずっとあこがれであった姉を抱くことは、私の夢でもあったのです。

それが叶《かな》うのであれば、たとえ明日死ぬことになっても後悔はありません。それほどの覚悟でした。

「じゃあここでさせてあげる。でもこれ一度きり、あと絶対に誰にも言わないこと。約束してね」

私は天にも昇る気持ちで姉の言葉を聞きました。

おそらく姉も相当な覚悟だったのでしょう。表情から笑顔が消えています。

私は姉によって風呂場の床に寝かされました。腰が上を向くと、そこに姉が跨《またが》ってきました。

私がドキドキと緊張しながら待っていると、姉がゆっくりと腰を落としてきます。

「動かないでね。お姉ちゃんが全部してあげるから」

姉の手がペニスをつかみ、その上に股間が迫ってきます。割れ目がペニスに押し当てられると、私は目を閉じて息を呑みました。

「うぅっ……！」

にゅるるっとペニスの先が、強い締めつけに吸い込まれました。

まるで下半身に電気が走ったようなショックです。私が想像していたセックスとは、まったく異なる強烈な刺激でした。

私はうめき声を我慢できず、歯を食いしばりました。そうしなければあっという間に射精してしまいそうです。

「んっ、ああ……わかる？　お姉ちゃんとユウくん、つながっちゃったんだよ」

下半身に目をやると、さっきまでそそり立っていたペニスは、姉の股間に呑み込まれています。

ものすごく卑猥で興奮する眺めでした。姉の体の奥に自分のペニスが突き刺さっていると思うとたまりません。

すぐに姉が腰を浮かせて動きはじめます。最初はゆっくりと、ペニスが抜けないよう慎重にお尻を揺すっていました。

私はそれだけで体がとろけてしまいそうでした。

にゅる、にゅるっと一突きごとに快感が押し寄せてきます。熱くてとてもなめらかな感触が奥まで続いていました。

「あんっ、はぁんっ！　あっ……ああっ」

姉も感じて声を出していました。次第にお尻の動きが大きくなり、声も色っぽく上ずっています。

私はそんな姉の姿を見ながら、ずっとこのままつながっていたいと思っていました。二人でいっしょにいたい、誰にも奪われたくないという思いが強まる一方で、快感は容赦なく私を追い込んでいきました。

もう限界だというとき、私は「ああっ！」と声を出しました。

射精をする瞬間、ギリギリのタイミングでペニスを引き抜きます。姉の股間から飛び出してきた直後に精液が溢れ出してきました。

まさに間一髪でした。あと少し手遅れになれば、危うく私が先に姉を妊娠させてしまったかもしれません。

「偉いね、ちゃんと中に出さないように我慢したんだ」

私がホッと一息ついていると、姉はそう声をかけながら、体に飛び散った精液をきれいに洗い落としてくれました。

射精はしたものの、一度だけと言わず、あと二度、三度でも姉とセックスをしたい気持ちでした。時間が許すならば一晩中でも抱けたはずです。

でもそんなワガママを言えば約束を破ってしまうと思い遠慮していると、姉は私の心を読んだかのように言ってくれました。

「もう一回する？　したいなら、してもいいよ」

私は大喜びで再び姉の体に挑みかかりました。その晩は精液が尽きるまで、何度も何度も射精を繰り返しました。

翌日の結婚式では、姉の美しいウェディングドレス姿に泣いてしまいました。もし前夜にああいうことがなかったら、私は姉へのゆがんだ愛情を引きずったままだったかもしれません。まだ未練はあったものの、姉の幸せそうな姿を見て吹っ切ることができました。

あれから四十年、私も家庭を持つことができました。妻と二人の子どもにも恵まれ、とても幸せです。

還暦を迎えた姉とも、いまだに仲のいい姉弟のままです。

〈第二章〉

肉親を性の対象に見てしまい……

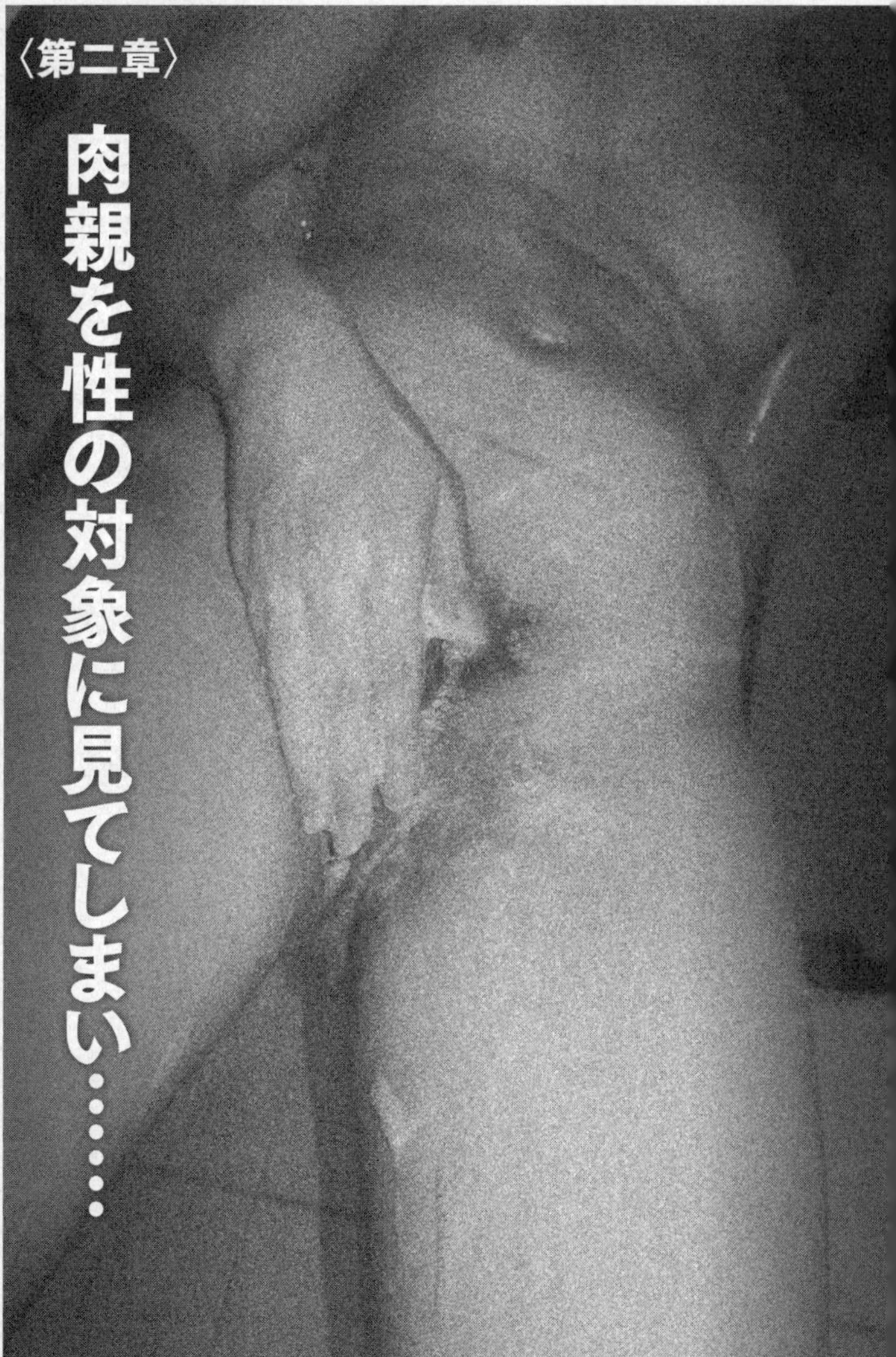

引きこもりの姪に裸婦モデルを頼み禁断の関係に持ち込んだ独身老年画家

村崎晃一朗　画家　六十一歳

私は画家です。六十を越したいまも独身で、ただ絵だけを描きつづけてきました。周囲の人間からは「アイツは世捨て人だ」と思われています。親族からもおそらく同じように思われていることでしょう。

ですが実際に絵を描いている者の立場から言うと「絵を描く」というのも、それを売ることによる収入以外にも、メリットはいろいろとあるものなのです。

その中にはたとえば、モデルと関係を持つなどということもあります。

私はこれまでに裸婦像を何枚も描いておりますが、そのモデルとはほぼ全員、肉体関係を持っています。

画家とモデルは一種特殊な関係です。血を分け合った兄妹でもあり、教師と生徒でもあり、夫婦でもあるような、一口では説明できないような深い関係なのです。ですから一線を超えるのはまったく珍しくはありません。少なくとも私の場合は。

そんな私は、四十歳近く年の離れた姪のことが気になっていました。

私は五人兄弟の長男で、末弟とはかなり年齢も離れています。

その末弟の晃司《こうじ》は兄の私と違い、平凡な会社勤めのサラリーマンです。その晃司の娘の優子《ゆうこ》を自分の絵のモデルにして、あわよくば関係してみようと考えたのです。

優子は二十歳になるのに働きにも出ず、晃司の家で暮らしています。いわば引きこもりです。そして親からは毎日、働けと口うるさく言われているのです。

そこで、私がモデルのバイトをしないかと持ちかけました。親たちも、何もしないよりはマシだと優子に勧めました。ヌードだとは私は言わなかったのです。

根っからの引きこもりである優子自身は、あまり乗り気ではなかったようです。

でも結局は親にうるさく言われたので、引き受けてくれました。

「……よろしくお願いします」

「ああ、よく来たね。楽にしてくれよ」

アトリエにやってきた優子の姿を見て、私は胸が高鳴りました。

優子は美しい娘です。長い黒髪に、引きこもり特有の白く透明感のある肌。食べることがあまり好きではないらしく、運動不足でありながらぜい肉のないスレンダーな肢体の持ち主です。モデルとしては申し分ないスタイルです。

優子はアトリエ内に置いてある私の絵を眺めていました。私はあらかじめ、裸婦像ばかりを置いておいたのです。優子はなんだかソワソワと落ち着かない様子です。

「……こういうの、やってみないか？」

私の問いかけに、優子は目を丸くしました。

「む、無理だよ……裸になるなんて……」

モジモジする優子に「どうかやってくれないか」と私は食い下がりました。

優子はヌードモデルとして得難い人材であり、スタイルが抜群によいのでモデルにぴったりなのだと説明しました。最終的には私が提示した高額なバイト料が決め手になりました。それにつられ、モデルになることを承諾してくれたのです。

彼女は、私の見ている前でゆっくりと服を脱ぎはじめました。

一度脱ぐと決めたら、初めてとは思えない大胆さでした。社会に出ていない引きこもりで常識がないせいか、それとも私が親族である気安さからか、それはよくわかりません。いずれにせよ成長した優子の裸を見るのは初めてのことです。

ほんとうに透き通るような色白の肌です。痩《や》せてはいますが、不思議と胸のふくらみはボリューミーでした。クビレも見事で、脚もすらっとしていて長いのですが、どこか不健康な雰囲気がただようのはやはり引きこもり体質だからでしょうか。

私は優子の裸を見て、興奮していました。

これまでもモデルを前にして、平静を装《よそお》いながら興奮していたことは何度もありました。しかし、ここまで劣情を刺激されたことはありません。

(血縁のないモデルよりも姪のほうに興奮するなんて、俺も変態だな……)

私は内心を悟られないよう、まじめな表情でデッサンを始めました。

ポーズを指定し、その姿のまま静止するよう優子に指示しました。

優子もモデル初体験である種の興奮状態になっているのか、白い肌が赤く色づいていくのが見えました。頰がほんのり桜色になっています。バストのてっぺんにある乳首も、脱いだ当初よりふくらんで硬くなっているように見えました。

黒く長い髪が、白い肌をより際立たせます。とてもエロティックです。ズボンの中の私の股間は、すでにむくむくと膨張しはじめていました。

そして私は、自分が興奮していることを優子に暗に伝えようと思いました。

「今度は顔をこっちに向けて……手と足は、こう……」

私は優子にポーズを変えさせました。

私が正面から見えるような体勢にさせたのです。優子の目の前に私が座って、自分の股間が視線の先にくるような角度にしたのです。

「あっ……」

気がついた優子が小さな声をあげたのを、私は聞き逃しませんでした。

私のペニスは、もうすっかりズボンを内側から盛り上げていたのです。

「うん？　どうしたんだい？」

私がとぼけてそう言うと、優子は顔を赤らめて目を伏せました。

「な、なんでもない……」

優子は明らかに動揺していました。

私も、しばらくの間は黙ってデッサンしている振りを続けました。

しかし優子はどうしても動いてしまいます。私の股間から目を逸《そ》らしたり、逆にひきつけられたりして、顔も体も動いてしまうのです。

「モデルなんだから、もっとじっとしてくれなきゃなあ……」

私はわざとらしくそう言って、立ち上がって優子のそばまできました。

そしてズボンの前をふくらませたまま、優子の横に立ちました。

優子は必至に目を逸らせています。

やはり思っていたとおり、ウブな娘でした。

（もしかしたら処女かもしれないな……）

私は心のなかで舌舐めずりしました。これまでに抱いたモデルの中に処女はいませんでした。私の股間はますますはっきりと盛り上がります。優子が顔をそむけました。

「お……伯父《おじ》さんが、そんなのを私に見せるから……」

優子が震える声でそう訴えました。私はすっとぼけます。

「そんなの、って、いったい何のことだい？」

私はそう言って、なおも股間を誇示しました。

優子の白い体は、もう真っ赤でした。肩まで真っ赤になっています。

私はすきを突いて優子の手を取り、自分の股間にあてがいました。

「あっ……！」

伏せていた優子の目が、大きく見開かれました。

私は耳元に口を寄せて、小さな声でささやきました。

「……年のわりには硬いなって、そう思ったのかな……？」

優子の指を、強引に自分のペニスにまとわりつかせました。するともう、私が手を離しても優子の指は握りしめたままです。

性的な好奇心が、羞恥心を上回ってしまったのでしょう。

「セックスを知ることは悪いことじゃないんだよ、絵画のモデルをやるうえでも」

私の言葉が耳に届いているのかどうか、優子はまるで夢見るようなぼうっとした顔で、無心に布越しのペニスをいじっています。

「じかにさわってみなさい……」

私が言うと、操り人形のようにチャックを開け、中の下着にも手を入れてきました。そして窮屈そうにしまい込まれていたペニスを素手で取り出したのです。

「大きい……」

正直に言って私のモノは特別に大きいというわけではないのですが、やはり優子は同年代の娘とくらべても性の知識があまりないのでしょう。世間知らずなのです。でもそれだけにムッツリ助平というか、溜めた性欲が強いのかもしれません。私のモノをいつまでも飽きずに、両手の指でさわりつづけているのです。

「……どうだい、どんな匂いがする？」

私がそうたずねると、優子は鼻を近づけて大きく深呼吸しました。

「……なんだか、濃い、匂いがする……」

優子は上目づかいに私を見て、目を潤《うる》ませています。

「でも、いやな匂いじゃないかも……」

その言葉に、私のペニスはますます怒張を強めてしまいます。

「……舌で舐めてごらん」

優子は小さな唇から恐るおそる舌を出して、亀頭に伸ばしていきました。

そしてちょんと先をつけて、すぐに引っ込めてしまいました。

「……どうだい？」

「熱い……けど味は、よくわかんなかった……」

私はさらに腰を前に突き出しました。

「もっとノドの奥まで、深く咥えてごらん……」

優子は目を閉じて、今度は口を大きく開けました。そして私に言われたとおりに深く呑み込んでいったのです。

ペニスで塞《ふさ》がれた小さな口の中で、優子は自分の舌をどうすればいいのかわからずとまどっていました。それで舌を窮屈そうに口の中で動かすのですが、それがたまらなく私には気持ちがいいのです。

思わず腰が自然に動いてしまいます。前後に動かされるペニスにのどを突かれ、優子がゲホゲホと咳《せ》き込みます。

危うく、優子の舌で射精寸前まで導かれてしまいました。

優子の唾液で熱くなったペニスを口から引き抜くと、亀頭と唇の間をたっぷりのヨダレが銀色の糸を引きました。

「どうだった？　どんな味がした？」

優子は涙ぐんでいました。しかし悲しそうではありません。

未知の感覚に、とまどっているという感じです。

「しょっぱいけど……なんだか、舐めてると、変な気持ちに……」

私は優子に触れて体を抱き起こしました。

そして股間に手をやって、繁みの奥にある割れ目に直接指で触れたのです。

たったそれだけで、優子は大きな声で悲鳴をあげました。

「あっ、ひゃあ、んんっ……！」

性器を責めながら、同時に硬くとがった乳首を舐めたり、指で刺激しました。

股間に挿し込んだほうの指は、みるみる優子のジュースで濡れていきました。

「あっ、あっ、だめ、あっあっ、ああっ……！」

小さな悲鳴を何度もあげながら、私の首に手を回して抱きついてきます。

私は優子の股間から手を引き抜いて、すっかりベトベトになった指先を優子の目の前でネチャネチャと糸を引かせて見せました。

大きく目を見開く優子の耳元に口を近づけて、私はささやきました。

「ほら、伯父さんの指をこんなに汚しちゃったよ……優子のオマ○コが……」

卑猥な言葉を私が口にすると、優子は大きな目を閉じて顔を真っ赤にしてしまいました。ほんとうにどこまでもウブな娘です。それでこそ、こちらもやりがい、征服しがいがあるというものです。私はワクワクしてきました。

優子のあごをつかんで強引に顔を上げさせて、私はキスをしました。

「ん……んん……」

優子の口の中に唾液とともに舌を入れると、待ち構えていたように優子の舌も絡みついてきます。口の中まで、すっかり熱くなっています。

私自身も、興奮を隠し切れなくなっていました。

優子は、いままでに関係を持ったどのモデルとも違いました。それはやはり、私自身と血が繋がっているということが大きかったのだろうと思います。

倫理的に許されないことをするのは快感なのだと、はっきり思い知りました。

ディープキスをしながら、若い肌を愛撫しました。豊かな乳房はどこまでもやわらかく指先が埋もれていきます。お尻をさわると体が何度も痙攣しました。

優子の呼吸が荒くなり、私から唇を離してこう言いました。

「伯父さん……私のも、舐めてほしい……」

そう言って、顔を真っ赤にして伏せてしまいました。

私は優子の熱くなった体を抱き寄せました。そしてソファに浅く座らせると、私は優子の前に跪《ひざまず》いてしゃがみました。優子の膝小僧に両手のひらを置いて、左右にゆっくり広げていくと、薄い恥毛におおわれた亀裂がそれだけで開いていきます。

やや蒸れた汗の匂いを感じたのは、アトリエに来てからずっと緊張状態にあったからでしょう。でも不快な匂いではありません。潮風の匂いの奥に少し甘い香りを感じるのは、やはり若い肉体だからだと思いました。

「あ……」

きれいな左右対称になっている陰唇に両手の指を添えると、優子はかすかに声をあげて身じろぎしました。

乳首の色から想像したとおり、澄んだピンク色でした。色素の沈着はほとんど感じられません。私は太ももを引いて優子の腰を前に突き出させると、お尻の穴まで丸見えになってしまいましたが、肛門の周辺もあまり黒ずみが見られません。

(やっぱり、肌の色が薄いんだなあ……)

私は感心して、いつまでも飽くことなく見つめていました。やはり画家ですから、そういった部分につい目が行ってしまうのです。

「は、恥ずかしい……そんなに、見られたら……！」

優子は過呼吸を起こしそうなほど吐息を荒げていました。

「どうして？　恥ずかしがることは何もないよ。すごくきれいだよ……ビラビラもとのっているし、奥もピンクで……」

私がわざと詳しく口で説明すると、優子の脚の震えがますます激しくなります。

「やめて……やめてください……」

羞恥の限界に達した優子を、私はさらに追い詰めます。

「……おや、でもクリトリスはすっかり奥に隠れてしまっているなあ……」

私は近くにあった筆を手に取りました。細かい部分を描くための細い筆です。その細筆の持ち手のお尻の部分を、裂け目の上部に優しくあてがいました。

「ああっ、んっ！」

ほんの少し触れただけで、優子はアトリエ全体に響くような声で叫びました。

つぼみのように閉じているクリトリスの包皮を、筆を使って少しずつめくり上げていきます。皮の下から、半透明にさえ見える小さな芽が顔をのぞかせました。

「はあっ……んっ……！」

優子は自分の手で口を押さえながら、ほとんど苦しそうなまでに喘ぎます。

露出したクリに私の指先がじかに触れると、華奢《きゃしゃ》な体が弓なりに反り返りました。

「んんっ……ダメ……もう……」

私の指先が円を描くように回されると、優子の体はグッタリと弛緩《しかん》してしまいました。どうやら軽く絶頂してしまったようです。

「おやおや、先にイッちゃったのかい？」

私が意地悪を言うと、優子は素直に首を縦に振りました。

「ご……ごめんなさい……」

何も謝ることはないのに、優子はそんな言葉を口にするのです。

「セックスは、まだしたことがないんだろう？」

優子の頭を優しくなでながら私が言うと、恥ずかしそうにうつむきました。

「でも、イクっていうことは知ってるんだ……オナニーを、よくしてるのかな？」

優子の顔はもう、茹でダコのように真っ赤になっていました。

「女性のオナニーの絵はまだ描いたことがないな……伯父さんに見せてくれるか？」

私はそう言って、だらしなく脚を開いたままになっている優子の前にイーゼルとキャンバスを持ってきました。そしてしかつめらしい顔をして、筆を立ててデッサンをとるポーズをして見せたのです。

優子は「ええ……」とか「無理です……」とか、聞き取れないくらいの小声で言っていましたが、私が無言のままずっとキャンバスに向かっていると、観念したみたいに両脚を広げていきました。

遠目に見ても、そこが濡れていることははっきり見えました。優子は下腹部に右手のひらをあてて、それをゆっくりとすべらせるように股間へと持っていきました。

「あっ……」

顔を少し上に上げた優子の唇から、甘い声が洩れました。

クリトリスに中指の先が当たったのです。そして優子は、少し股間を前に突き出すようにして、股間をいじりだしました。

遠慮がちなのに、少しずつ大胆になっていきます。

きっと恥ずかしくてこんなことはやめたくてたまらないのに、指が自分の意思では止まらないのでしょう。

「……こんなことを、いったい週に何回してるの？」

私がそうたずねると、困ったような顔で私を見つめてきます。それでも指の動きは止まりません。腰も、指の動きに合わせるようにくねってきます。

「……それとも、一日に何回もしているのかな？」

私の言葉に、優子の肩がビクッと小刻みに震えました。図星だったのでしょう。

そして、せっかくの指の動きも止まってしまったのです。

「……どうしたの、ほら、続けて……」

私がそう促しても、優子は息を荒げさせるばかりです。

「お……お願い……」

小さな声を振り絞るようにして、優子が言いました。

いよいよ来たな、と私は思いましたが、わざとすっとぼけてみせました。

「ん？　なんだい？」

優子が手を股間に挟んだまままもじもじと太ももを動かしています。

「お……伯父さんに、し、してほしい……」

それを聞いて私は立ち上がりました。

ようやく、優子のほうからその言葉を引き出せたのです。とにかく何か問題が起こったときのためにも、少なくとも「合意」にしておく必要があったのです。

私は自分のシャツを脱ぎ、ズボンも下着も脱いで、生まれたままの姿になって優子の近くに来ました。

そして優子を抱きかかえて、アトリエの隅にあるベッドへと連れていき、そこに彼女の細い体を横たえさせました。

あおむけになった優子に、私がおおいかぶさるようになりました。

いざとなると優子は恥ずかしくなってしまったのか、体をくるりと回して私に背を見せ、うつ伏せの状態になってしまったのです。

(初めてがバックっていうのも、おもしろいかもしれないな……)

私は優子の腰をつかんで引き寄せ、お尻をつかんで左右に広げました。

「あっ……ダメっ……!」

優子はあわてて背後に手を回して隠そうとしましたが、私ははねのけました。

お尻の割れ目の奥に、つぼみのようなお尻の穴がひくひくとうごめいています。

そしてその下では、すっかり溢れた愛液が太もものつけ根あたりまでべちょべちょに濡らしてしまっているのです。私は、もうさっきからすっかりふくらんだままになっているペニスをつかんで、亀頭の先を開いた裂け目にあてがいました。

「うっ……あんっ……」

優子は思ったほど大きな声はあげませんでした。ゆっくりと味わうように、ペニスを呑み込んでいったのです。

どうやら、さっき一度イッていたのがよかったようです。あまりに破瓜の痛みを感じたら、優子の抵抗する気持ちが強くて失敗してしまったかもしれません。伯父と交わることに疑問を抱く様子もなく、優子の若い性器は私のペニスを根元まで呑み込んでしまったのです。

そう、それはまさに「若い性器」でした。意外なほどスムーズに奥まで咥え込んだくせに、一度奥までいくとキュンキュンと締めつけてきました。

私はもう、焦らすようなことはしませんでした。一度ゆっくりと前後にピストンさせたあとは、猛烈な勢いで腰を振りはじめたのです。

「あっ、あっ、あっ、あっ、あっ、あっ、あっ、あっ……！」

広いアトリエに淫らな声が響きます。優子は完全に私の腰の動きにシンクロして喘ぎ声を出していました。優子は太ももを立てて、どんどん腰を上に突き出していきました。そのほうが奥まであたるのです。

（やっぱり根がスケベな娘なんだな……）

羞恥心を露《あらわ》にしつつ、快感には逆らえない。優子のそんないじらしい姿を見て私の感度もどんどん高まってきました。

「うっ……イク、イクぞぉ……！」

「あっ、あっ……ああっ……！」

かすれ声で絶頂のうめきをあげた優子がうつ伏せになって突っ伏すのと、とっさに引き抜いた私のペニスから大量の精液が優子の白いお尻にぶちまけられるのとはほとんど同時でした。

この日以来、モデルになるという名目で優子は定期的にアトリエに来るようになりました。罪悪感に苛《さいな》まれながら、超えてはならない一線を超えるそのいじらしい姿に、伯父の私自身もハマってしまっているのです……。

独り身の叔母と過ごす週一のお愉しみ
罪悪感を忘れるほどの快美感！

根岸徹　会社員　五十歳

今年で六十歳になる叔母は母の妹ですが、昔から美人で、ずっと私のあこがれでした。二度結婚しましたが子どもはおらず、いまは二度目のご主人とも死別して、都心のマンションで一人暮らしをしています。

私の両親は存命で、七十歳を超えてそろそろ介護のことも考えなくてはならない年齢ですが、車で十分の距離の住宅地に私が住んでいますし、妻は専業主婦なので、緊急事態には対応できるだろうと思っています。

叔母には身寄りがおらず、私が勤務する会社から近いこともあり、母からも気にかけてくれるように頼まれています。そんなこともあって、ここ何年かは週に一度くらい、仕事帰りに叔母のマンションに寄って、お茶を飲んだり、食事をしたりするようにしていました。

そんな叔母と深い関係になってしまったのです。不道徳なことなのかもしれませんし、罪悪感がないわけではありませんが、私としては避けようのないことでした。

その日、買っていったデパートの惣菜をいっしょに食べながら世間話をしていると きに、叔母は高齢者専門の見合いサークルに登録しようかと考えていると私に打ち明けました。

「いまさら結婚もないでしょう」

私は反対しましたが、それは叔母を慮《おもんぱか》ってとか、親戚として面倒がいやというよりは、単純に嫉妬《しっと》だったかもしれません。週に一度の訪問は私にとってあこがれの叔母を独占できる得難い機会でした。叔母が再婚すれば、様子見訪問の必要もなくなり、御役御免になってしまいます。私としては、それがいやだったのです。

「どうしていまさら結婚?」

私があらためて問いただすと叔母は言葉を濁し、「アッチのほう……」とだけ言いました。つまり、セックスのない生活が淋しいということだったのです。

「じゃあ、彼氏というか、そういう相手を作ればいいんじゃないの?」

セックスフレンドというようなことを薦めたわけですが、そういうのはあまり好みではないとのことでした。まじめな時代に育った叔母ですから、無理のないことでしょう。妻とは長らくセックスレスでしたから、セックスにご無沙汰しているのは私も同じでした。

「それなら俺と、そういうことをするっていうのはどう？」

軽く冗談めかして私は言いました。口調の軽さとは裏腹に、真剣な告白であったことは言うまでもありません。叔母は絶句し、冗談として笑い飛ばすべきかどうか迷っていたようですが、私の真剣な目に気づいて、黙り込みました。

「本気？」

しばらくして、叔母が私に尋ねました。私はうなずきました。実はずっとあこがれていたこと、高校時代に叔母の下着を盗んでオナニーにふけったりもしたことなどを打ち明けました。その日はそこまでで、実際に抱き合うことになったのは、次の週に訪ねたときのことでした。

その日、叔母は最初からそのつもりだったと思います。ふだんよりも少し着飾って化粧もていねいで、香水も使っていたようです。

私たちは食事もそっちのけで抱き合いました。

「奥さんに悪いかしら」

キスしようとするとき、叔母はそんな言いわけのようなことを口にしましたが、私は取り合わず、そのまま唇を押しつけました。

冷え性だという叔母の薄い唇は少しひんやりしていました。その冷たさが逆に私の劣情をかき立てました。自分がこの唇を熱くさせたい、というような思いだったかもしれません。

私は閉じられた叔母の唇を舌先で割って、そのまま舌をもぐり込ませました。叔母の口の中を舌で探ります。溢れ出したお互いの唾液が口を行き来し、叔母の唾液の甘さを堪能《たんのう》しました。

「ああ……」

叔母が熱のこもる吐息を洩らしました。私は思わず鼻で深呼吸して、その匂いを嗅ぎます。胸にしみる匂いです。香水ではなく、叔母自身の香りでした。

抱き寄せ、抱き締め、ワンピースの背中のジッパーをおろして、背中の地肌を手のひらでまさぐりました。

ブラジャーの金具を不器用にはずし、ワンピースと同時に肩から紐をはずします。私の目の前に、叔母の胸が露《あらわ》になりました。夢に見た叔母のおっぱいです。

あれはいつのことだったでしょう。ずっと昔、それこそまだ小学生のころ、親戚が集まって温泉旅行に出かけたとき、どうした加減か叔母と二人で入浴したことがありました。貸切タイプの家族風呂だったと記憶しています。十歳年上の叔母は当時まだ二十歳前だったと思います。

そこで見た叔母の乳房は、成熟した母親のものとは全然違っていて、まぶしさに目をそむけたものでした。まだ皮も剝けない小さなペニスが勃起したのを叔母から隠すのに必死でした。もしかしたらバレていたかもしれませんが。

とにかく、その叔母の乳房が目の前にある。その事実に私は感極まって目頭が熱くなるのを感じました。

私は、軽く乳房に手を添えて、乳首にそっと唇をつけました。

「あうぅんん……」

ぴくんと体をふるわせて、叔母が甘く喘ぎました。初めて聞くかわいい声でした。

私は夢中で乳房にむしゃぶりつきました。両手で乳房をもみしだきながら、左右の乳首に交互に舌を這わせました。舌先で乳輪をなぞるように円を描き、同心円を縮めて乳首に吸いつきました。

「ああ、気持ち、いい……」

叔母のつぶやきを頭上に聞きながら、私は、乳房への愛撫を続けました。

やがてワンピースから腕を抜き、床に落としました。そのまま身をかがめて床に膝をつきます。

見上げると、私を見おろす叔母と目が合いました。そうでした。その昔はこういう視線の位置関係でした。私は小学生よりまだ幼く、そのころは叔母も高校生くらいでしょうか。共働きで忙しかった母に代わって散歩に連れだしてもらったりして、手をつないで歩いたとき。見上げる叔母の丸い笑顔。

私はひざまずいて叔母の腰を抱え込みました。小さなヘソのすぼまりが目の前にあります。私は意味もなくヘソに口づけして、そこに舌を差し込みます。

「くすぐったいよ……」

叔母が笑って身をよじりました。でも逃がしません。私は腰を抱え込んだ両腕に力を込めて叔母の下半身に抱きつきました。そしてパンティに指をかけ、ゆっくりと脱がせました。

薄い陰毛でおおわれた三角地帯が露になりました。その中央にピンクに色づいた割れ目がありました。私は、そこに鼻先を押しつけます。

陰毛からはやはり叔母の匂いがしました。口から香る匂いとはまた違う、でもこれもやはり叔母の香りです。私はまた鼻で深呼吸して深々と叔母の香りを吸い込んで堪能しました。

私は口を大きく開けて、恥丘全体にかぶりつきました。もちろん歯は立てません。唇全体で吸いつくようにして、力を込めた舌先で陰部の亀裂を縦になぞります。

「あ、あああ……っ！」

叔母の腰が引けて、脚が軽く開きました。私はそこに体をもぐり込ませるようにして、性器本体に向けてさらに愛撫を続けました。

陰唇を押し開き、膣口に舌を差し込みます。すでにそこは愛液をたたえており、舌先の刺激で決壊して、私の口に叔母の愛液が流れ込みました。唾液よりもずっと濃く、ずっと甘く、叔母の味がしました。

「ひぃい、うぅああっ！」

叔母が激しく反応して腰を振りました。私は太ももを抱え込み、臀部をわしづかみにして、叔母の性器が私の口から離れるのを許しませんでした。

今度は舌先でクリトリスを探り、包皮を剝いて真珠のようなクリトリスを口に含んで舌先で転がしました。同時に膣口に指を挿し入れました。

「はうぅううっ！」

たっぷりと愛液をたたえた膣孔は、ほとんど何の抵抗もなく私の指を迎え入れました。私は一気に最奥部まで挿し込み、膣内をかき回すように指をくねらせました。

「あああ、あ、それだめ。それ、感じすぎちゃう！」

叔母はびくびくと腰を暴れさせましたが、私はしっかりと叔母の下半身を抱え込んで愛撫を続けました。

「ああ、気持ちいい。アソコがどうにかなっちゃいそう」

叔母は腰砕けになって、床に座り込んでクッションに倒れこみました。息を切らして、ちょっと拗《す》ねたような表情で私を見ました。

「私だけ裸なんてずるい……」

そんな叔母の言い方は、年長者であることを忘れたような甘えを含んでいて、それがとてもかわいいのでした。私は自分が大人になったことをいまさら確認するような、誇らしい気分でした。

「シャワー浴びたほうがいいかな？」

私は急に遠慮してそう言いました。すでに入浴を終えて待っていた叔母とは違って、会社帰りの私は一日分の汚れというようなものを身にまとっているわけで、五十男の体臭は悪し様に語られることがいちばん多い匂いでしょう。

「何それ。じゃあお風呂の間、私はこのまま放ったらかされるの？」

確かにそれも間が持たないものかもしれません。

「すごく若いころは男の人の匂いって気になるものだったけど、女もいい年になると、逆に男の体臭が好きになるの」

そういうものなのでしょうか。私にはよくわかりませんが。

「お風呂はあとでいっしょに入ろう？　背中流してあげるから。ほら、いいから。いまは早く脱いで？」

そこまで言われては仕方ありません。私はその場で衣服を脱ぎました。脱いだ衣服を叔母は受け取って手早く畳んでくれました。最後の一枚のトランクスを脱ぎ捨てると、私は勃起したペニスをさらすことになりました。

「すごい、元気いっぱいだね」

叔母がうれしそうに言いました。確かに私のペニスはしばらくぶりの刺激的な行為に激しく勃起していました。

「素敵。舐めてあげるね？」

今度は叔母が私の足元にひざまずいて、優しく私のペニスをフェラチオしてくれました。

指を竿に絡め軽くしごきながら、もう一方の手で睾丸をもてあそびます。舌が茎を舐め登り、そのまま亀頭に至ります。傘の縁部分を舌で円くなぞり、そのままがっぽりと亀頭全体を口に含んでくれました。とてもいい気持ちでした。

叔母はペニスを口に含んでちゅうと吸い上げ、真空に近くなった口腔内の粘膜が陰茎全体に密着しました。そのまま頭を前後にピストンさせます。同時に舌が亀頭にまとわりつきました。

締めつけの感覚がとても心地よく、こんなに心のこもったフェラチオは、妻にもしてもらったことはないと思いました。私はたまらなくなってその場に膝をつきました。

「お互いに舐めよう」

私はそう言って、床に身を投げ出しました。叔母が私におおいかぶさり、私の頭を跨《また》ぎ越して、シックスナインの体勢になりました。

お互いの性器を舐め合うのは、独特の感興がありました。お互いすべてをさらけ出して、受け入れ合い、認め合う。妻とはこんなふうにしたことはありませんでした。

叔母と私は高まり、このまま絶頂でもかまわなかったのですが、さすがにそれはもったいないとも思われました。

「ねえ、入れて……」

叔母の一言がきっかけになり、私たちはシックスナインをやっとやめることができました。私は、あまりの幸福感に自分からやめることができなかったようです。

叔母の部屋はリビングとは別に寝室があり、私たちはそちらに移動しました。ベッドを置けばそれだけでいっぱいになるような小さな部屋でしたが、叔母の匂いが充満するそこは、私にとっては夢の花園のようでした。

そこで私たちはあらためて抱き合いました。とっくに閉経している叔母ですから、避妊の必要もありません。

「ねえ、入れて？　早く、入れて？」

私は叔母にねだられて、ペニスをヴァギナに向かわせました。亀頭の先端が、大陰唇を押し開き、膣口を押し広げます。私は、腰に体重を乗せて、じわじわと膣内に陰茎を挿入しました。

「いい。気持ちいい。入ってくる。すごい大きくて……硬い。ああ、気持ちいい！」

ずぶずぶと、やがて私のペニスは根元まで膣内に呑み込まれ、亀頭の先端が最奥部に届きました。ペニス全体が膣内の柔らかい肉の感触に包まれました。叔母の膣内は狭く、みっちりと私の陰茎を締め上げました。

私の陰茎に流れ込んだ血流は、戻る術《すべ》もなく海綿体を充血させ、どんどん硬くなっていくようでした。しびれるような快感が、陰茎を始点にしてじんわりと全身に広がりました。叔母もまた、全身をびくびくと痙攣させて敏感に反応しました。

「ああ、すごい。すごい。すぐにでもイッちゃいそう。気持ちいい！」

私は暴れる叔母の体を押さえつけるようにして、腰を突き入れ、引き、また突き入れました。ペニスが膣口から出入りするのを確認しながら、私はピストンを速めていきました。

「ああ、それ、すごい。ホントにイク。イッちゃうぅう！」

叔母はどんどん興奮し、ほんとうにそのまま絶頂に達しそうに見えました。私としても、ともすれば射精してしまいそうになるのをこらえ、少しでも先延ばしするように気遣わなくてはなりませんでした。

叔母の脚が私の背中に回り、さらに両手で私の尻をつかんできました。少しでも体が密着するように、少しでも挿入が深くなるように。

「だめだよ。そんなふうにしたら、すぐに出しちゃうよ」

私はなんとかピストンの主導権を握って射精のタイミングを調整しようとしたのですが、叔母はそれを許してくれませんでした。

「そんなのいいから。我慢しなくていいから。私、もうイクから！　ああ、イク。イク。ああ、すごい。ああ、気持ちいい！」

そう言って腰を振ってヨガリ狂う叔母に私は圧倒されました。もう我慢も限界でしたので、そのまま射精に至りました。溜まっていたのでしょうか。どくどくと尿道を押し広げて噴出される精液には際限がないみたいで、体感では、体中の体液がそこから出ていってしまうようでした。

「あ……出てる。出てるのわかる」

叔母には私の射精がわかったようでした。そして、叔母もそのまま絶頂に達しました。ビクンとひときわ大きく背筋を反らせると、そのまま弓なりに固まりました。声はやみ、呼吸さえ止まったようです。

「ああっ！」

ひと呼吸おいて、叔母の体はそのままベッドに沈みました。私も引っぱられるようにして、いっしょに倒れ込みました。

息がととのうまで五分くらいはかかったのではないでしょうか。私たちは脱力しきって長い間ベッドに倒れ込んだままでした。

私のペニスはとっくに力を失っていましたがまだ叔母の膣内に呑み込まれたままです。叔母の膣口は痙攣を繰り返しながらも陰茎を咥え込んだまま離そうとしません。

そのまま叔母を下敷きにしつづけるわけにもいきません。我に返った私は、身を起こそうとしましたが、叔母は下から私に抱きついてきました。

「待って。抜かないで。このままでいて。ずっと入っていて」

私は、叔母の意図を察して、下半身を密着させてペニスはそのまま膣内に残るようにしながら、腕をついて叔母にかかる体重を軽減させました。

「この余韻が好きなの。抜かないままで、こうしていたいの」

叔母は言いました。いとしさが胸に込み上げ、私は叔母にキスをしました。叔母は私の唇にこたえ、舌を絡ませてきました。どのくらいそうしていたでしょう。やがて、私のペニスが力を取り戻す兆しを見せました。

「硬くなってきた？ ほんとうに元気いっぱいなんだねえ」

叔母は感心するように言いましたが、私としても意外でした。若いころならいざ知らず、連続でできるほど勃起するなんて。

これはやはり、叔母の膣内に特別の仕組みがあるとしか思えません。愛情の問題というよりも、それは構造の問題ではないかとも思われました。それとも、寝室に充満する香《かぐわ》しい叔母の体臭に、特別なフェロモンが含まれているとか。

いわゆる半勃ち状態でしたが、ピストンしても抜けたりはしないようでしたので、私は再びゆっくりと腰を動かしはじめました。

「ああ、いい気持ち。ねえ、今度は私が上になってもいい？」

私は体勢を変えて、叔母を抱き起こしました。挿入したままで体位を変えるのには、細心の注意が必要でしたが、なんとか私はあおむけになり騎乗位の体勢になりました。

「ああ、これも好きなの。深いから」

叔母はそう言うと、腰を前後に動かしました。ぎゅっぎゅっと膣口に力が込められ、締め上げられた私のペニスは、いつの間にか完全に勃起状態になっていました。

「ああ、いい。気持ちいい。もっと激しく動いてもいい？」

こうなれば抜ける心配はありません。私はうなずいて、叔母の好きにさせました。

叔母は私の下腹に両手をついて、腰をくねらせ、円を描くようにしました。その動きはだんだんと速くなり、やがて前後左右、縦横無尽の激しい動きになりました。

「気持ちいい。またイッちゃいそう。ねえ、イッてもいい？　私、イッてもいい？」

「もちろんいいよ。何度でもイケばいいよ」

私はそうこたえながら、下からも腰を突き上げました。

「ああ、イク！」

叔母の体がのけぞり、また固まりました。絶頂でした。脱力して私におおいかぶさる叔母の体を私は精いっぱいの優しさで受け止めました。

それから、二人で風呂に入りました。叔母は約束どおり背中を流してくれ、私も叔母の体を洗いました。そして私たちは浴槽に漬かりました。狭い浴槽ですから、抱き合ってしか入れません。お互いに離れ難く感じていたからこそ、そんな窮屈な入浴ができたのでしょう。

さすがにのぼせてきた私が浴槽の縁《ふち》に腰かけると、叔母はまたフェラチオをしてくれました。二度の射精で完全に力を失った柔らかいペニスを叔母は舐めしゃぶり、口に含んでやわやわと愛撫しました。

どのくらいの間そうしてくれていたでしょう。こちらが申し訳なくなるくらいに叔母はいつまでも私のペニスを舐めつづけ、やがて驚いたことに、またしてもペニスが力を取り戻しはじめました。

「また、大きくなったよ？」

叔母はうれしそうにそう言いました。もう一度できるかどうか、挿入できたとしても射精まで勃起が持続できるかどうか不安はありましたが、それよりも、叔母への愛おしさが勝ち、私たちは風呂場で三回目を始めていました。

二人とも浴槽に膝まで漬かったままで、叔母がタイルの壁に手をついて、背後からの挿入でした。私は叔母の尻を抱え込んでピストンしました。眼下に褐色の肛門が見え、それがひくひくと動いているのが、とてもかわいく感じました。

「はああ、気持ちいい……！」

私は背後から手を回して、叔母の乳房をつかんで愛撫しました。手のひらで乳房をもみ、指先で乳首をつまんで、くりくりとよじるようにしました。

「あんあんあんあん。それも感じる。気持ちいい……！」

叔母は私の愛撫に敏感に反応してくれました。それがうれしくもあり、心配したような中折れもならず、私は三度目の射精に至ることができました。連続して三回なんて、若いころにもなかったのではないでしょうか。

「今度は俺が舐めるよ」

私はそう言って叔母を浴槽の縁に座らせて、クンニリングスをしました。流れ出す愛液に押し出される感じで、精液がにじみ出していました。ふだんなら嫌忌《けんき》する自分の精液でしたが、叔母の膣内からの逆流と思うといやではなく、私はそのまま叔母の性器を舐めつづけたのです。

以来、私たちは毎週のように抱き合っています。叔母を訪ねること自体は妻も知っていますから、私たちは誰に気兼ねすることなく愛し合うことができます。もっとも妻とは家庭内別居状態ですから、私が外に女を作っても気にしないかもしれませんが。

とにかく、妻にしても母にしても、私と叔母がそういう関係になっていることに気づく様子はありません。毎週金曜日になると私は会社を定時で退社すると、食材などを買い込んで、叔母の部屋を訪ねるのです。

私とセックスするようになって若返ったように見える叔母は、気力も充実しているのか、惣菜や弁当を嫌い、自分で料理することが多くなりました。

私は台所に立つ叔母の背中を幸福な気分で眺めます。あこがれの叔母を独占するのは、ほんとうにいい気分です。妻と結婚したばかりの新婚時代にさえ感じることのなかった幸福感と言えるでしょう。

私は叔母の後ろ姿に勃起さえします。叔母の腰から尻のラインは美しく、誘惑的です。そんなとき私は叔母の背後に立って、後ろから抱きすくめます。まるで痴漢のように尻をなで回し、手を回して着衣の上から胸をもみしだきます。興が乗れば料理を中断させてその場でセックスを始めてしまうことさえあります。

叔母は欲求不満が満たされ、私は長年のあこがれがかなって、二人とも幸福を嚙みしめています。

その幸福の前には、多少の罪悪感など吹き飛んでしまうのです。

再婚した母が継父のデカチ○ポに溺れどんどん女の顔を見せるようになり

内藤純也　会社員　五十歳

三十数年前に経験した忘れられない出来事です。

私が十七歳のとき、母が再婚をしました。母は当時四十三歳、再婚相手は母より少し年上の四十九歳でした。

継父《ままちち》となった彼は肉体労働に従事しており、がさつなところがあって、神経質な私は最初から好きになれませんでした。それでも高校生なりに気を遣い、うまくやれるように努力はしていたつもりです。

幸せそうな母の邪魔をしたくありませんでしたし、高校を卒業したら家を出ればいいだけの話ですから、数年の我慢と思えばどうにでもやり過ごすことはできました。

いいえ、やり過ごせるはずでした。

いまにして思うと、十七歳という年齢はまだまだ幼かったのです。

同居が始まってすぐのころは母が私の前で継父に見せる女の顔を見るのがとてもいやでした。継父が母を女として扱っているのを見るのもやはり気分が悪くなりました。母を取られたなどと嫉妬する歳ではありませんでしたが、いくつになろうと子どもにとって母は母であり、女ではないのだと思います。ところが、継父が間に入るとその前提がたちまち崩れてしまうのです。

最初のうちは二人にも私に対する多少の遠慮があったように思いますが、ひと月ほどもたったころ、階下の寝室から母の喘ぎ声がしばしば聞こえてくるようになったときはたまりませんでした。

継父も継父なら母も母だと思い、喘ぎ声が聞こえてくると布団をかぶって耳をふさぐようにしていました。しかし、その声は二日と開けず聞こえてくるようになり、日に日に大きくなっていったのです。

気がつくと母は家の中でも化粧をするようになっていました。

継父の趣味なのか、服装も短めのスカートだったり、胸元の開いた煽情的なものをよく着るようになりました。

干してある洗濯物をふと見たとき、エロ本の中でしか見たことのないようなセクシーな下着があるとげんなりしました。

母が香水をつけていることを匂いで知った日には吐き気すら覚えました。

困ったことにその一方で、ごく普通の健康体だった私は年相応に性欲を持て余していました。

自慰を毎日する必要があり、エロ本を「おかず」にそうした行為にふけるのですが、その最中に母の喘ぎ声が聞こえてくると非常に閉口しました。いくら聞くまいと思っても、階下から陰々と響いてくる声を頭から排除するのはたいへんだったのです。

いったん始めてしまった自慰を途中でやめることもできず、いつからか、苦肉の策として母の声をまったく知らない女の声だと思うようにすることで自慰に利用するようになりました。

後から思うとその時点で道を踏みはずしはじめていたのかもしれないと思いますが、当時はまだ高校生がエロビデオを簡単に見られる時代ではありませんでした。直接聞こえてくる喘ぎ声のなまなましさはものすごく、母の声だとわかっていても刺激的でした。

だから仕方がなかったのか、どうなのか……これはなんとも言えないところです。

そのような日々のなか、私はまた強烈な体験をすることになりました。

母と継父が深夜になってから酔っぱらって帰宅したことがあり、そのとき、私はたまたまのどが渇いて、自分の部屋から一階の台所へ飲み物を取りに下りていたのです。

二人は私が二階で寝ているものと思い込んでいたらしく、台所の隣にあるリビングで何やらイチャイチャしはじめました。

出るに出られず困っている私の耳に「ちょっと……だめよ……シャワー浴びてないのに……」という母の甘ったるい声がすべり込んできました。

同時に衣擦れの音も聞こえてきて、どうしようかと思いながらそっと顔を出してリビングをうかがうと、母が背後から継父に乳房をもまれ、スカートをめくられてパンティに手を突っ込まれている姿がそこにありました。

ドキリとして本能的な嫌悪感を覚えながらも、私はどうしても目を離すことができなくなっていました。

「ダメよダメよ」と言いつづけている母は、言葉とは裏腹にうれしそうな笑みを浮かべ、ブラウスからつかみ出された乳房をゆがめられて「ああっ」と艶《つや》のある声を洩らしました。

息子である私の目にも、母が感じ昂《たかぶ》っているのがはっきりとわかりました。

よく見ると母自身も身をよじりながら自分の手を後ろに回し、継父の股間をいやらしい手つきでなでさすっていました。

継父も興奮を抑えられない様子で、ニヤつきながら母の耳元で「もう我慢できないんだろう?」と言い、腰をクイクイ動かしていました。

私は何度も顔を引っ込めようとしましたが、やはり動くことができませんでした。

そうするうちに、母が床に跪《ひざまず》いて、いわゆるフェラチオを始めました。頬をすぼめてジュブジュブと音を立てながら首を振っているのです。

私にとってはエロ本の中でしか見たことのない行為でした。

継父はそんな母の頭を両手で持って、自分でも腰を動かしてチ○ポを激しく出し入れしていました。

まるで母が自分から性の道具になっているようで、私のなかに言いしれない屈辱感が渦巻いてきました。ところが、気づくと私はジンジンと痛みを覚えるほどに勃起していたのです。

ジャージの上から軽く手で押さえてみると、それだけでしびれるような快感が全身に広がっていくのを感じました。

自分自身の反応に驚いた私が動揺しているうちに、母はテーブルの上へあおむけに寝かされ、脚を大きく開かされた状態で継父に深々と貫かれました。

それはもちろん生まれて初めて見るセックスでした。

ゾクゾクと鳥肌立ってくるような異様な興奮のなか、私は継父が母の中に射精したところまでを見て、そっと台所から抜け出し二階の部屋へと戻りました。

この日以降、いつものようにエロ本を見ながら自慰をしているとき、気がつくとあのときの光景を思い浮かべていることがありました。

母親の痴態など二度と思い出したくないのに、興奮してくると気づかぬうちに頭のなかがすり替わり、まるで自分自身が母を犯しているような妄想をしてしまっているのでした。

私はそんな自分にははっきりと嫌悪感を覚えつつ、心の奥底では二人のセックスをまた見たいと思っていました。

この矛盾した気持ちをうまく説明するのは困難です。しかし、もう一度見たいという欲求は日に日に薄れていくどころか、むしろ強まっていきました。

二度目の機会が訪れたのは、思いのほか早く、あの一件からひと月後のことでした。

継父の仕事は朝早いぶん、夕方には終わります。その日、私はいつものように部活で遅くなるはずだったのですが、顧問の急用のために休みとなり、いつもより二時間ほど早く帰宅しました。

そしてなにげなく玄関を開けると、もう母のあの声が聞こえてきたのです。

私はすぐに気配を殺して行動を始めました。

玄関を上がるとまっすぐ伸びる廊下の突き当りにリビングがあり、その隣の洋室が二人の寝室になっていました。

もし寝室のドアが閉まっていればあきらめたかもしれません。しかし、二人は私がこの時間に帰宅するとは思っていなかったのでしょう、ドアは開けっ放しでした。

私は四つん這いになってドアに近づくと、横手から片目だけを出して中をのぞき見ました。目をこらすまでもなく、二メートルほど前方にあるベッドの上で、素っ裸の母が四つん這いの格好で後ろから継父に突かれていました。

二人の体はこっちを向いていましたが、母は顔をシーツに押しつけたまま盛んに喘ぎ悶《もだ》えていました。

そして継父は……とあらためて視線を上げたとき、彼と真っ直ぐに目が合いました。

ギクッとしたまま動けないでいる私とは対照的に、継父は逞しい体を律動させながらまったく動じた様子もなく私を見返してきました。

私はこのとき、継父が無言で「お前の母ちゃんも女なんだ。見てみろ、男に突かれてよがり狂う姿を」と伝えてきているように感じました。

確かめたことはありませんが、きっとほんとうにそう言っていたのだといまでも思っています。

継父は私と目を合わせたまま母の大きな尻を平手で叩き、「どうだ、気持ちいいか？デカいチ○ポでガンガン突かれて最高か？」と母に聞きました。

母はシーツに顔をつけたまま「気持ちいいっ、あぁっ、あなたのチ○ポ最高よ！」と悶え叫び、汗だくになった背中の肉をふるわせながら見る間に感極まっていきました。

私は急にいたたまれなくなり、負け犬のように後ずさりしてそのまま自分の部屋に逃げ込んだのですが、このときもチ○ポは痛いほどみなぎりきっていました。

私が初めて母の痴態を真正面から思い出しながら自慰にふけったのは、その数時間後のことでした。

口惜しさや憎しみや嫌悪感や哀しさの入り混じった複雑な感情にもまれながら、しかし射精の瞬間は過去に感じたことのないほどの大きな快感に襲われました。

ただし、気持ちよさと比例するようにして自分自身が怖くなり、それからしばらく自慰をすることができなくなりました。

（実の母親を思ってこんなことをするなんて……）

私の感じていた恐怖や自己嫌悪感は本物でした。母のことどころか、性的なことのいっさいを受けつけられない精神状態になっていたのです。

継父が三日間、遠くの現場へ出張することになったのはそんな折のことでした。

一日目と二日目は久しぶりに静かな夜を過ごし、私としてはむしろ平穏なひとときとなりました。

ところが最後の夜、運命とはほんとうに意地悪なものだと思います……寝ようとしているところへ、かすかにですが階下から母の喘ぎ声が聞こえてきたのです。

心を乱されるよりも先に、いったいどういうことだろうと気にかかり、私は足音を忍ばせて一階まで下りていきました。

声は寝室から聞こえていました。

本当は、この時点で母のしていることを想像はできていました。しかし私は二階へ戻ることをせずにそっとドアを開けてしまいました。

すると、ベッドの上であおむけに寝た母が、こちらへ向けて股を開いて、一心不乱に自慰をしている姿が目に飛び込んできました。

その瞬間、私のなかでドクンと何かが大きく脈動しました。

母はよほど大きな快感に襲われているのか、夢中のあまり私がドアを開けていることも気づかない様子で、まだ自分の性器をかき回していました。

片手で乳房をもみしだき、指を数本、性器に突っ込んで抜き差ししながら、腰を上下に動かしているのです。

私はこのとき、一週間以上も自慰をしていない状態でした。

性欲などなくなったかのように日々を過ごしていましたが、健康な体は、その間も精子を作りつづけていたのだと思います。突然にそのことが自覚され、私はまるで性欲のかたまりになったかのように、全身が一気に猛り立つのを感じました。

私が動きだしたのと、母が首を持ち上げて「えっ……」と絶句したのはほとんど同時のことでした。

ベッドの上、白いシースルーのネグリジェを乱した母に、私は飛びかかるようにおおい被さっていました。

「純也《じゅんや》!」

突然のことに驚きながらも必死で私を突き離そうとする母でしたが、部屋にはムンムンとメスの匂いが充満していて、母がいかに昂《たかぶ》りきっていたかを如実に物語っていました。

私が母の首筋に吸いつきながら手に余る大きな乳房を乱暴にもみしだくと、母はビクンと身をわななかせて「ちょっと何するの……アアッ!」と声をふるわせました。

裸同然のその肉体はすでに汗ばみ、いやらしく火照りきっていました。

「どうしたのよ！……ああっ、いやっ！」

私は母の言葉をいっさい無視して乳房をきつくもみ絞りました。そうするほどに母の肌は手に吸いついてくるようになじんできて、先端の濃茶色の乳首は硬くシコり立ってきました。

「純也！ こんなこと……あぁっ、私たち親子なのよ！」

いちばん聞きたくない言葉でしたが、性欲そのものと化したこのときの私を正気に戻すまでには至りませんでした。

私は乳首に吸いつき、甘噛みしたり口内でねぶったりしながら、片手を母の脚の間へとすべり込ませていきました。

母の肉感的な太ももはじっとりと湿り、脂肪の下の筋肉をヒクンヒクンとひきつらせながら、私の手がもたらす刺激に敏感に反応しました。

「そこはダメッ……そこはダメよ……オオッ、目を覚ましなさい、バカ！」

必死の言葉とは裏腹に、母の抵抗は最初よりもずいぶん弱まってきていました。声の調子にも張りがなく、口調そのものは懇願するような色合いを帯びていました。

そして私の指先が脚のつけ根に達すると、母は「ひいいぃっ」と言葉すら失くし、抵抗するのではなく両手をシーツにつけて体をずり上げ、少しでも私の指から遠ざかろうとしました。

しかし私の指はあっけなく母の性器まで達し、濃く茂った陰毛の奥の熱いぬかるみをしっかりと捉えていました。

クチュウッという音が鳴るのとまったく同時に、母が「ヒィンッ」と動物のような声をあげてのどを反らせました。

その仕草は、継父に責められているときに母が見せた歓喜の反応と同じでした。

以前、継父が言っていた「どうだ、気持ちいいか？」という挑発的な言葉が頭のなかで蘇《よみがえ》り、私は強烈な対抗心を覚えながら母の性器に指を埋め込んでいきました。

とたんに母の肉がブルブルと波打ち、骨盤がグウッと高く持ち上がりました。

「い、イヤッ……許して、純也っ！　も、もう……それ以上は母さんダメッ！」

母が髪を振り乱し、顔をクシャクシャにゆがめて吠えました。私が構わず指を動かすと、母はとうとう「イクッ」と洩らし、「イヤッ、いやぁっ」と叫びながら両足をピンッと突っ張らせました。

私にとって女の絶頂というものはよくわからないものではありましたが、母が快楽の極みに達したことは直感的にわかりました。

私が指を動かすほどに、母は電流が走ったように身をふるわせ、脱力と硬直を際限なく繰り返しました。

もう言葉を絞り出すことすらできない様子で、やがてぐったりしたのを見届けると、私は自分の着ていたジャージの下半身とパンツをいっしょにずりおろしました。

自分自身、何をしているのかがよくわからないような、夢のなかの出来事のような、現実とは思えないフワフワとした気分でした。

四肢を投げ出してわなないていた母がそんな私の行動に気がつくと、どこにそんな力が残っていたんだろうという勢いで、あおむけの体勢から一気にうつ伏せになりました。

そしてそのまま這ってベッドから下りようとしたので、私は下半身だけを脱いだ状態で母に後ろからのしかかりました。

ネグリジェがめくれ上がって剝き出しとなっている母の尻に勃起したものが密着すると、母がただただ首を左右に振って、向こうへ這っていこうとしました。

私はそんな母の両肩に手を置いてベッドに押さえつけ、腰の動きだけを使って割れ目に挿入しようとしました。

「ひっ……ひっ……」

母が腰をひねって挿入を拒みつつ、尺取虫《しゃくとりむし》のようにいったん尻を持ち上げて前進しようとしました。そのおかげで、私の勃起の先が初めて割れ目をまっすぐに捉えることができました。

チ○ポの先端に硬いつぼみのような感触があり、もしかしたら尻の穴かもしれないと思いながら、理性を失くしていた私は構わず突っ込んでしまおうと腰に力を込めました。

母は、今度はベチャっとつぶれて尻を下げることで侵入を拒んできました。

私はすかさず身を起こし、母の尻たぶを手のひらで強く引っ叩きました。

尻を叩いて操作するというのは、継父がやっているのを見たことで得た着想でした。

「じ、純也……あんた！」

母が何か言おうとしたので、どんな言葉も聞きたくなかった私は連続して尻を引っ叩きました。

「ひぃっ、あひぃっ、ひぃぃぃぃっ！」

(こんなふうにされても悦んでしまう変態女のくせに……)

母が継父から受けていた仕打ちを思い出すと、継父に対して怒りがわいてくるのとまったく同等に、母への怒りもわき上がってきました。

(母が母でなくなり、淫らな変態女になってしまった……)

私はきっと、そう思い込みたかったのだと思います。そうでなければ、もう自分のしていることの正当性はどこにもなくなってしまうのです。

「ケツを……突き出せ！」

言いながらまた引っ叩きました。

「言うとおりにしないと、ほんとうに尻の穴に突っ込むからな！」

両手で尻の肉をムリッと左右へ割り開くと、母が「よ、よして！」と叫び、あわてたように再び四つん這いになりました。

このときの私の心境はとても複雑でした。しかし、体は勝手に動きだしていました。当然ながらそのときの私にセックスの経験はなく、本能のまま腰を突き出しただけでしたが、私のチ○ポの先端は、不思議なほどまっすぐに母の性器のぬかるみを捉えていました。

初めに亀頭だけが粘膜に包まれ、「ここだ！」という直感のままさらに腰をせり出させると、次は一気に根元までが灼熱のヌルヌルに包み込まれました。

「おおおおんっ！」

束の間おとなしくしていた母が、突然、激しく背中を波打たせ、腹の中から太い声をほとばしらせました。

私は継父のしていた動作を思い出しながら、見よう見まねで母の腰をつかみ、大きなヒップに自分の腰を打ちつけていきました。

突き刺さったチ○ポがズルンッ、ズルンッと出し入れされ、なんとも言えない快楽が私の全身をしびれさせました。

オマ○コの中というのは、思っていたよりも複雑な形をしていて、深く入れたときと浅く入れたときとでは締めつけてくる感触が違うものなんだと新鮮な驚きを覚えました。

一方の母は、私が奥まで突っ込んだとき、より大きな反応を見せました。

そう言えば、継父に突かれているときも、「奥がいいっ、奥！　奥に当たってる！」などと叫んでいる声が私の部屋にまで届いていました。

私はズブリといちばん奥までチ○ポを入れると、そのままグリグリと最奥をこするように腰を回し、同時に背後から母の乳房をもみしだきました。

「おおんっ……そ、んなにしないで……しないでよおっ……おおおっ！」

母の鼻にかかった女の声が私をますます攻撃的にさせました。

私は母の乳首をこれでもかとつねり上げ、そうしながら片手でクリトリスを探り、指の腹で円を描くように刺激しました。

　エロ本に書いてあったことを思い出して実践してみることにしたのです。

「ちょっ……ああぁっ！」

　母がグウンと背筋をのけぞらせ、そのままビクビクと全身をわななかせました。

　奥まで刺さったままのチ○ポがギュウッとキツく締め込まれ、出し入れしていなくても射精しそうな快感に襲われました。

　気がつくと私も汗だくになっていました。

　射精をこらえる目的もこめていったん腰を引き、チ○ポを抜くと、上半身も脱いで真っ裸になりました。このころには感覚が麻痺したようになっていて、もう母のことを性的なおもちゃのようにしか思えなくなっていました。

　母はまたうつぶせにつぶれて、肩をふるわせながら嗚咽《おえつ》を洩らしていました。

　私はそんな母の体にまだまとわりついていたネグリジェを足から抜き取るかたちで引きはがしました。

「……も、もう……」

　おびえた表情で振り向いた母をあおむけに転がすと、私は今度は正常位の格好で母を犯していきました。

このとき、母が絶望的な顔をしながら、「あの人には……あの人には言わないで……」と震える声で言いました。

「あの人」というのが継父のことだとわかるまでに少し時間がかかりました。

私は、いつの間にか継父の存在さえも忘れてしまっていたのです。

どうでもいいと思い、「ああ、言わないよ」と私はぶっきらぼうに答えました。

すると母は、貫かれたまま下から迎え入れるように私を抱き締め、自分からも腰を使って私のピストンに呼吸を合わせてきました。

それは私にとって不意を突かれるような心地よさでした。ついさっきまでの一方的な出し入れとはまったく違う、別次元の何かに私はとまどいました。

ともに全裸になっていることもあり、触れ合っている汗だくの肌がヌルンヌルンとこすれ合い、まるで肌と肌が一つに溶けていくようでした。

（これが、セックスだったのか……）

正常位に移ってからの時間は、まだ一、二分ほどしかたっていませんでした。

それなのに、私は全身が一本のチ○ポになったかのような、自慰のときには想像することもできなかった快感に包み込まれて、いきなり果てそうになりました。

思わず歯を食い縛ると、私の切羽詰まった状況を鋭く感じ取った母が「中に出しちゃダメ」とまじめな顔で静かに言いました。
その瞬間、私はあわてて腰を引き、母の豊満な裸身に凄まじい量の精液をふりかけていったのです。

私と母との過ちは、後にも先にもその一度きりでした。この一件以降、私は毒気を抜かれたようになって、継父に対するわだかまりもぐっと少なくなりました。

とはいえ高校を出たら家を出るというのは前々から考えていたことでしたから、私は卒業と同時に東京で一人暮らしを始めました。そして専門学校に通い、調理師免許をとり、数年の修業期間を経たのちに小さな飲食店を構えて現在に至ります。

もちろん、母とのことは継父にも誰にも話していません。もとより話す気もありませんでしたが、先日、継父が老衰で逝ったのを機に、心の整理をつけるためにこうしてペンを執《と》ってみた次第です。

〈第三章〉

エロすぎる義姉の媚肉に溺れた私

息子の元に嫁いでくるかわいい義娘
酒に火照った身体が極上すぎて……

春田義明　自営業　六十二歳

私は、齢《よわい》六十二歳になる街角のタバコ屋の店主です。女房を十年前に亡くし、それからはずっと一人暮らしをしています。

唯一の親族として三十一歳の息子が近くの市に住んでおり、顔を合わせる機会はめったになくなりましたが、八カ月前の女房の命日に、「今度結婚したい女性を連れてくる」と久しぶりに顔を出してくれました。

息子はごく普通のサラリーマンをしていて、顔立ちこそ私に似てパッとしない不細工ですが、とにかくまじめで、心根の優しい男です。わざわざ報告しにきてくれたことがしみじみうれしく、またほんとうに結婚となればじきに義娘や孫ができるかもしれないということで、暇な毎日を食いつぶすように暮らしている私も久々に胸が温かくなりました。

ただし、話を聞いているなかで一点だけ、わずかながら気がかりになることがありました。相手の女性がスナックのホステスを生業《なりわい》としていて、息子としては惚れきっているし信用もしているが、心配するあまりにときどきケンカになってしまうことがあるというのです。

息子は、私に対しては「水商売の女性を嫁にしてもかまわないか?」という聞き方をしてきましたが、実際のところは本人のなかにぬぐいきれない不安があったのでしょう。

女性の名前は由依《ゆい》さんといい、年齢は二十八歳で、スナックでも本名のまま働いているとのことでした。

水商売であれなんであれ、その仕事に誇りを持っているのであれば、何の問題もないと私は考えます。また結婚と同時にホステスは辞めるという話にもなっているらしく、ますます十分と思えました。

息子にもそう伝え、私自身、明るい性格だという由依さんが娘になる日を心から楽しみにしていました。ですから本来であれば、そのまま来る日を待っていればよかったのですが……。

息子からスナックのだいたいの場所と店名を聞かされていた私は、ふと由依さんがどんな娘さんなのか、少しでいいので見てみたいという好奇心を起こしてしまったのです。このことがあんなピンチに追い込まれることになろうとは、いざその段になるまでは想像すらしていませんでした。

数日後、私はハンチングと色眼鏡というあり合わせのもので変装のまね事をし、少しばかり自分にあきれながら実際に由依さんが働いているという店を訪ねていました。

そのスナックは家から電車で小一時間ほど離れた駅にある繁華街の一角にあり、若いころには遊んだこともあるエリアでしたから、容易に見つけることができました。

重い木製のドアを引いて開けると、さほど大きくない店内には三人の女性と一人の男性客がいました。

カウンターの中にいるのがやよいさんというママ、出迎えてくれたのが麗《れい》さんという美人ホステス、そしてテーブル席のソファで男性客の隣に座っているのが由依さんだと、これは後から知りました。

カウンター席から遠目に眺める由依さんは、麗さんのような華やかな美人ではありませんでしたが、ニコニコとした笑顔がたいへんかわいらしく、健康的で肉づきのいい体にタイトなミニのチャイナドレスがとてもよく似合っていました。

私は「ケン」という偽名を使って訪店しており、最初はカウンターでママや麗さんと話していました。

そのうちにテーブル席の一人客が帰ると、私が由依さんを気にしているのがわかったのでしょう、ママが「由依ちゃんこっち来て。こちらケンさん」と彼女を呼んでくれました。

実際に話をしてみると、私のなかで由依さんの印象はさらによいものになりました。いかにも人がよく、初対面とは思えないような親しみやすさで、コロコロとよく笑い、息子も言っていたとおりほんとうに明るいのです。

二人で並んで飲んでいたのは一時間ちょっとだったと思います。酒が回りはじめていたこともあり、すっかり由依さんのファンになってしまった私は大満足して店を出ました。

そのとき、外まで見送りに来てくれた由依さんに「ケンさん、絶対また来てね」と手を握られました。

指と指を絡めてくる手の小ささ、温かさ……我ながらまずい親爺だと思いますが、息子の婚約者であるとは承知していながら、ついポーッとしてしまうのをどうすることもできませんでした。

けっしてのぼせ上がっていたつもりはありませんが、この夜以降、私は都合三度も店を訪ねてしまいました。由依さんに「また来てね」と言われると、そのたびについうなずいてしまうのです。

会うほどに由依さんをすばらしい女性だと思い、息子が惚れた理由もよくわかった気がしました。また、彼女は自分に婚約者がいるということも正直に話してくれ、さりげなく相手の特徴を聞くと確かに息子を指していて、ますます安心できました。

しかし同時に、息子が「心配になる」という気持ちもわかってきました。

どうも由依さんには酒に飲まれてしまうところがあり、いわゆる「男好きのする」部分があるだけに危なっかしさを感じさせるのです。

実際、私のなかでどうしても捨て置けない問題が一つ持ち上がってきていました。

初めて訪店したときから頭に引っかかっていたことですが、どうやら例の一人客が由依さんを狙っているらしく、私の訪店時にいつも彼女をテーブル席で独占しているのです。しかも、二度目に見たときには男の片手が由依さんの太ももにのって怪しげに動き、さらに肩を抱いたもう一方の手は乳房のふくらみにさりげなく触れているように見えました。

ママのやよいさんによるとその男は真壁《まかべ》といい、四十代の会社員だということでした。息子よりも大きな会社に勤めていて、役職にもついているようです。

息子のライバルだからということもあったのかどうか、初めて見たときから「いやな目つきをしている」と直感的に思っていました。

そして三度目に尋ねたとき、由依さんが真壁からしつこくアフターに誘われているのを見てしまったのです。

話の細部まではわかりませんでしたが、由依さんが「明後日《あさって》なら……」と言っているのが耳にすべり込んできて、気が気ではなくなりました。

ほんとうに大丈夫だろうかと、まるで息子本人のように不安に駆られてしまった私は大いに煩悶《はんもん》させられました。

相手がほかの男だったら気にしなかったかもしれません。しかし、相手があのいやな目つきをした真壁となると……。とはいえ由依さんに根掘り葉掘り聞くのもどうかと思われましたし、これ以上通っていると顔を覚えられてしまうという心配もあり、確かめるためにできることと言ったら一つしか思いつけませんでした。

もちろんよくよく考えたうえでのことですが、私は問題の日に、店の外で張り込みをして、アフターの結末を見届けてやろうと考え至ったのです。

ちなみに息子と由依さんの出会いはやはりこの店だったそうですが、交際を始めてから息子が訪店することはなく、もっぱら彼女のプライベートな時間でデートを重ねていたようです。そのころは半同棲のようなかたちで、週の半分は由依さんが息子の部屋へ泊まって家事などもしていると息子から聞いていました。

ですから店のそばで張っていても息子とバッティングする心配はありませんでしたが、そのときの私の心臓は別の理由で高鳴っていました。

由依さんが「明後日なら」と言っていたこの日、息子は出張に出ていたのです。

ママの計らいでしょうか、由依さんと真壁は閉店時刻よりもだいぶ早くに店を出てきました。すでに酔った足取りの由依さんが「真壁さん、一軒だけだからね」と何度も念を押しているのが聞こえました。

真壁が「もちろんわかってるよ」と言い、フラつきがちな由依さんの腰を抱いて歩きだしました。その手が何度も尻のほうへ下りていって丸いカーブをなでているのを私は後をつけながら悶々と見ていました。

ほどなくして二人は一軒のバーに入りました。

このこと自体を問題にする気はまったくありませんでしたが、由依さんの酒に飲まれやすい性質を考えると、どんどん不安が募《つの》ってきました。

そして、予感は的中してしまったのです。

一時間ほどして二人がバーから出てくると、由依さんは案の定、へべれけの状態になっていました。真壁は支えるふりをしてぴったりと密着し、あからさまに由依さんの肉の感触を楽しんでいました。

少し離れたところから見続けている私のなかに嫉妬とも怒りとも哀しみともつかない複雑な感情がわき上がっていました。

二人は次第にひと気のないほうへと歩いて行き、やがて木々の生い茂った公園へ足を踏み入れました。由依さんはほとんど目を閉じた状態で歩いていましたから、真壁が独断で行き先を決めているのは明白でした。

繁華街の雑踏を抜けたことで尾行は格段に難しくなっていて、やや距離を置いて歩いていた私は周囲が暗いこともあり、一度二人を見失ってしまいました。が、あわてて小走りになりながら探しているとき、すぐ近くから「真壁さんダメよ……お願い……」と抵抗する由依さんの声が聞こえてきました。

私は息をつめながら声のした茂みの奥をのぞき込みました。

すると目に飛び込んできたのは、由依さんが立ったまま乳房を剝き出しにされ、白いふくらみをもみしだかれながら真壁にディープキスをされている決定的な姿でした。

ショックを受けて目眩《めまい》すら覚え、頭が真っ白になりかけました。

飛び出して止めるべきか……迷っているうちに由依さんが悩ましく呻吟《しんぎん》する声を洩らしはじめました。

「やめて」「いや」とあらがう言葉も聞こえてはくるのですが、距離を取ろうと身をくねらせることで、むしろ真壁を挑発してしまっているように見えました。

私が判断を下せずにいるなか、由依さんのトレードマークのようなミニのチャイナドレスのすそが割られて、白いパンティの中に手が突っ込まれたのが見えました。

真壁の指のうごめきとともに湿った音が聞こえだし、由依さんはほとんど腰砕けのような状態になっていました。目の焦点すら合っておらず、膝はいまにも折れそうでした。

私が飛び出していけるタイミングはすでになくなっていました。

無力な私の数メートル先、張りのある大きな乳房が無惨にゆがみ、やがて尻までが露《あらわ》になると、由依さんは木の幹に抱き着くような格好で背後から真壁に犯し貫かれました。

かすかに聞こえる喘ぎ声と荒々しい息遣い……。

ほどなくして真壁が満足したように腰を引きました。そしてぐったりとしている由依さんの着衣を無造作に直すと、再び彼女の腰を抱いて公園を反対側まで突っ切ったあと、ともにタクシーに乗ってどこかへ行ってしまいました。

いったい息子にどう伝えたらいいのか……言えるはずがありませんでした。

私は数日間悩み、一つの結論を出しました。

酒に飲まれやすいという一点さえ除くなら、由依さんがすばらしい女性だということは十分にわかっています。また真壁に酔わされて抵抗できない状態だったことを考慮するならば……由依さんにはすぐにでも店を辞めてもらって、あとは私が忘れてしまえばいい、それが息子のためにも彼女のためにもいちばんいいと考えたのです。

腹を決めた私はさっそく、名刺にあった携帯電話の番号で彼女を呼び出すことにしました。その際、私が「ケン」ではなく実は息子の父だということを伝えると、由依さんは電話越しにも大きな狼狽《ろうばい》を示しました。そして「すぐに会って話がしたいけれども昼間は予定があるから、もしよければ今日の閉店後に」ということを言ってきたので、店の近くで待ち合わせをすることにしました。

約束の時間に店から出てきた由依さんに酔っている様子はありませんでした。しかし、話をするために適当な店に入ると、早いピッチでグラスをあおりだしました。

電話のときと同じくひどく動揺しているのが見て取れましたが、その理由はすぐにわかりました。

「この間、私が真壁さんとアフターしたとき、ケンさん……お義父《とう》さんのことをお見かけした気がしたんです……店を出てすぐと、タクシーに乗る前に……」

由依さんはそう言うと、私が何も聞かずともすべてを包み隠さずに打ち明けました。

昔から酒に飲まれるところがあり、息子にも叱られていたが、人のことを信用したい気持ちがあって直せなかったということ。結果として見れば自分は確かにだらしのない女なのかもしれないが、息子を思う気持ちは本当で、結婚のことはまじめに考えているということ。結婚したら店は辞める約束で、真壁はそれを知っていたから最近になってしつこく言い寄ってくるようになったということ。そして真壁はお世話になってきた人だし、邪険にもできずに「一軒だけ」と断ってアフターしたが、酔いすぎてしまって朝までもてあそばれたということを——。

責めるつもりはもともとありませんでしたが、由依さんはよほど緊張していたのでしょう、そのことを伝える前にベロベロの状態になっていました。

まったく懲りない子だとあきれつつ、私は彼女を抱きかかえるようにして店を出ました。これではまるで真壁のようだと自分自身にもあきれながら……。

そして、これはあくまでそうせざるをえなかったからですが、深夜に由依さんを休ませられる場所といったらあれこれ考えてもホテル以外にはなく、純粋に由依さんを寝かせてやるつもりで、空いていたビジネスホテルに彼女を運びこんだのです。

下心などもちろんあろうはずがありません。少なくともこの段階ではほんとうにそのつもりでした。ですから部屋に入ったあと、目を覚ました由依さんが「お願いです……彼には言わないでください」としがみついてきて、もつれ合うような格好になったのは私にとって完全なアクシデントでした。

加えてその際に由依さんの手が私の股間に密着し、不覚にも反応してしまっていた局部のこわばりを知られたことで、今度は私のほうが狼狽する番になりました。

しかも由依さんは何を思ったか、私のズボンのベルトを手早くはずし、床にひざをつくなりふくらみへ顔をすりつけてきたのです。

店へ通っている間に由依さんのことを女として見たことがないと言ったら嘘になります。肉感的なボディを強調するようなチャイナドレスはいつ見てもセクシーでしたし、話せば話すほど、肉体的にも精神的にも距離が近くなり、魅力的な異性として意識しないではいられなくなっていったのは事実でした。

それでも私は「やめなさい！」と強く言って彼女を押しとどめようとしました。しかし、由依さんに「ダメ……それじゃ安心できない」とブリーフ越しに局部へ唇を当てられた刹那、私のなかで何かが音を立てて崩れてしまいました。

理性などというものは、何度思い返してもいい加減なものだと思います。このときの私は、一言で表わすならば欲望、いえ快楽に全身を支配されていたのです。

「ケンさんと私だけの秘密を作ったら、ケンさん、彼に言えなくなるでしょう？」

動けずにいる私に追い打ちをかけるように言い、由依さんがブリーフの中からつかみ出した私の性器に唇を被せると、そのまま根元まで口内に含みました。

女房を亡くしてからずっと女っ気なしで生きてきた……そんなことが言いわけにならないのはわかっていますが、現に私の体はどうにもならぬほどの興奮に包まれていました。

「ダメだ……いけないよ由依さん……君は、君は私の娘になる女性なんだよ……」

自分自身に説き聞かせるように言う一方で、私はただ棒立ちになっていることしかできませんでした。そうするうちにも由依さんの舌は幹の裏側を這い、片手は睾丸をもみしだき、片手は私のシャツの中にすべり上がって、私の乳首を刺激していました。

私に対してこんなやり方で官能の悦びを伝えてきた女性は、女房も含めて過去に一人もいませんでした。

私は思わずうめき声を洩らし、由依さんの小さな頭を両手でめでるようになでていました。

すると由依さんがチャイナドレスの胸のボタンを自らはずして脇のファスナーをスルスルとおろしました。そのまま立ち上がると、それだけで黒いブラジャーに包まれたふくよかな胸が露になり、チャイナドレスのすべてがストンと床に落ちました。

私の目の前に、唇をなまめかしく濡らした下着姿の由依さんがまっすぐに立っていました。その姿に見とれる間もなく、由依さんは両手で私の首を抱え込むようにしてキスをしてきました。

頭がとろけるような甘い快楽と、胸に押しつけられる乳房のふくらみ……。下腹で圧迫される性器への刺激も相俟って、私は気がつくと由依さんの体をかき抱きながら舌を動かしていました。

乱れはじめた由依さんの吐息を全身で感じ取るなか、私は何かに操られるように彼女のブラジャーをはずし、そうしながらジリジリと足を前に出していました。

やがてベッド際まで追い詰められた由依さんが後方へゆっくりと倒れ、私はそのまま彼女の体におおい被さっていきました。

こんなことをしていいはずがないという理性は、モノを握って動かしてくる由依さんの手でドロドロに溶かされていました。いえ、由依さんのせいにするわけにはいきません。

認めたくはないことですが、私は由依さんの酔った体に触れたときから、その得も言われぬ柔らかさや温かみに劣情をかき立てられていたのだと思います。

近い将来に自分の娘となるであろう女性の乳房をしゃにむにもみしだき、舐め吸い、ついにはパンティに手をかけて引きおろした私は、もはや鬼といっていいような存在に堕落していたのかもしれません。

興奮に突き動かされるまま、私は由依さんの秘所に唇を奮いつけ、薄い陰毛ごと喰らわんとするように舌を動かし、蜜をすすり、紅色の粘膜を貪欲に味わっていました。

「あぁっ、お義父さん……ンンッ！」

高い声をあげて太ももをわななかせる由依さんの肌がじんわりと汗ばんで熱くなり、甘い匂いがムンッと溢れてくるようでした。

若い女性の肉体がこれほどまでにみずみずしいとは……驚きと感動に包まれながら、罪悪感よりも遥かに大きな悦びにせかされて、私は無我夢中のまま彼女をしっかりと貫いていました。

「アアッ！」

浅く開いた唇から前歯をのぞかせた由依さんのかわいらしい顔が目の前にありました。

私の腰の動きに合わせて由依さんはさまざまに表情を変えましたが、そのすべてがなんとも言えずエロティックで、見ているだけでさらなる情欲をかき立てられました。繋がり合った部分は燃えるように熱く、肉厚で、襞の一つ一つが私のモノにみっちりと絡みついてくるようでした。

自分はいま、我が娘を犯しているのだろうか……そんなヒヤリとするような感覚が何度も頭をよぎりました。しかし、クチュクチュと高鳴る卑猥な粘着音と由依さんの発する匂い、そして熱い吐息にまみれていると、すべてが興奮の材料となって、私をなおも欲張りにしました。

私は彼女の腰を横にねじらせ、片脚を高く上げさせた横臥位の格好で、由依さんのもっとも奥へとモノを突き立て、のけぞる肢体を見おろしました。

息子の顔が浮かんでくる瞬間もありましたが、もうそういったことに私を止める力はありませんでした。私はさらに、由依さんをうつ伏せにさせ、後背位でも彼女を激しく貫いたのです。

大きな乳房も、張りのある丸い尻も、先日公園で見たときの印象よりも遥かに官能的ですばらしいものでした。この肉体を真壁もまた自由にしたのだという事実には、自分自身の不埒さは棚に上げて強い憤《いきどお》りと嫉妬を覚えました。

由依さんは、かなり感じやすい体質らしく、還暦を過ぎた私の腰遣いにも驚くほどの乱れぶりを見せ、すでに何度か気も遣《や》ったようでした。

一方の私はもはや全身汗だくで、心臓はマラソンのゴール手前にいるかのように高鳴り、我慢も限界まで達しようとしていました。

私はもう一度正常位の体勢になると、おそらくはもう二度と抱くことはない娘の肉体を強く抱き締め、唇を合わせながらラストスパートをかけました。

「あぁっ、お義父さん……いいっ、由依またイクッ……い、イッちゃう！」

由依さんの口からほとばしる「お義父さん」という言葉に胸を締めつけられながら、

「俺も……俺もイクよ、由依……息子には絶対に言わんから、安心して嫁《とつ》いできておくれ……君は、もう私の娘だ……」

言いざまに突き抜けるような絶頂感に襲われ、射精の間際で腰を引いた私は、自分でも驚くほどの勢いで由依さんの肉体に白濁したものをぶちまけていきました。

恥としか言いようのないことを長々と書いてまいりましたが、もちろん、この一連の出来事は私が墓場まで持っていかなければならない秘密です。また、そうすることことによってのみ、私にとっては夢のような思い出になるのだと思います。

許されない体験であることは承知ながら、由依さんがこのことを気に病んだりしておらず、むしろ本人も話していたとおり安心できているようなのも大きな救いになりました。

これは由依さんの仕事柄によるものではなく、やはり、どこか天真爛漫《てんしんらんまん》で明るい彼女自身が持っているポジティブな資質なのでしょう。

多少とはいえないゴタゴタは経ましたが、ひと月ほど前、息子が由依さんを連れて家へ挨拶に来ました。そして先日、ごく近しい身内だけの小さな結婚式を終え、晴れて由依さんは私の娘となりました。

いまとなっては早く孫の顔が見たいという一心で、いとしい家族がそれぞれに幸せでいられることをありがたく思うばかりです。

継母の愛情を素直に受け入れられず性欲旺盛だった私は強引に押し倒し

佐川亮介　自営業　五十一歳

兄や姉、親戚からは「いつまでも一人でいるくらいなら、田舎に帰ってお父さんといっしょに住めばいいのに」と顔を会わせるたびに言われます。

バツイチで一人娘は別れた妻が引き取り、私は一人マンションで生活しているのですから、確かにそのとおりだと思うことはあります。

いまも田舎で私と同じく一人暮らししている父親の、年齢や健康を考えるといろいろと心配もあります。それでも、父親の顔を見るのが後ろめたくて、実家に帰りたくありません。

その原因は、三年前に亡くなった母親、正確には継母《ままはは》の玉枝《たまえ》さんと一時期、関係を持っていたことにあります。

家は代々の農家ですが、父は団体職員として勤めに出ていました。私は上に歳の離れた姉と兄がいる、三人兄弟の末っ子です。

そんな家に玉枝さんがやってきたのは、私が中学校を卒業する直前のことでした。実の母親は私がまだ幼いころに亡くなり、大した記憶があるわけでもなく、父親が再婚すること自体に抵抗はありませんでした。

すでに嫁《とつ》いでいた姉も、高校を卒業して就職し、一人暮らしをしていた兄も「オヤジの人生だから、口を出すつもりはない」といった態度で、特に反対はしませんでした。もう自分たちの独立した生活があるから、といったところだったのでしょう。

ともかく、私は新しく母となった玉枝さん、そして父親の三人で暮らすことになったのです。

当時、父親はいまの私と同じくらいの年齢、玉枝さんは四十歳を少し越えたばかりでした。なんでも、父の仕事の取引先で事務員をやっていて知り合ったとのことで、離婚歴があるものの、子どもはいないと聞いていました。

特に式は挙げなかったのですが、祝いにやってきた親戚や父の仕事関係の人が酒に酔って「うまいことやったな」「かわいい奥さんじゃないか」「その年で、うらやましいな」などと、口々に言っていたのを覚えています。

私の彼女に対する第一印象は、歳のわりに妙にフンワリした感じの人だな、といったものでした。太ってはいないのですが、ぽっちゃりとした体型で色が白く、どこもかしこも柔らかそうでした。軽くパーマをあてた髪も軽そうで、しゃべり方も少し甘えたような舌足らずなところがありました。

いままで知らなかった人、それも女性と突然いっしょに住むことになったわけですから、気を遣わないわけにはいきません。ただ、救いは地方の古い農家にありがちなことですが、家自体がとにかくむだに広かったことです。

そこで私は、なるべく玉枝さんや父親と顔を会わせないように、離れた部屋で寝ることにしました。食事の時間も、サッカー部の練習で帰宅が遅くなることを言いわけに、意識してずらしていました。

ところが困ったことに、玉枝さんはなにかとそんな私をかまおうとするのです。

夕食のときは、私が帰るのを待っていっしょに食べようとしたり、父がいないときなど、お茶やお菓子を持って私の部屋にやってきては、おしゃべりをしていくことが何度もありました。

「私、子どもいなかったから、亮介《りょうすけ》君の世話をいろいろ焼いてみたいの」

笑顔とともに、玉枝さんがそんなことを言ったことがあります。

けれど私としては、そんな継母の言動が迷惑でしかありませんでした。正直、鬱陶《うっとう》しいとさえ思っていたのです。そうなると、なにかと私を子ども扱いする母親ぶった物言いも気にさわりました。いま思えば、思春期特有の、異性、それも年上の女性への照れも多少はあったかとは思います。

表面上は何事もなく、そんな暮らしが二年ほど続きました。けれど、私が高校二年になった春のことです。

その日は土曜日でしたがコーチをする教師から朝の練習で態度を叱責《しっせき》され、虫の居所が悪かったのです。昼過ぎに帰ってそそくさと食事をすませて部屋に引っ込んだのですが、いつものように苺の器を持った玉枝さんがやってきました。そして、学校生活について回りくどく、あれこれと尋ねてきたのです。

私は、ついに爆発してしまいました。

「本当の母親でもないのに、もう、放っておいてくれよ！」

思わず大声を出して、私は背を向けました。

と、次の瞬間、玉枝さんは私を背後から抱き締めてきたのでした。

「私は、亮介君のことを本当の息子だと思っているのに」

「……！」

その瞬間、私はたじろぎました。

玉枝さんの声からべそをかいているのがわかり、少し言いすぎたと思いました。けれどそれより、初めて感じる女性の胸の柔らかさや、耳元での吐息の熱さ、甘い匂いに頭のなかが真っ白になった感じでした。

私の変化に玉枝さんもすぐ気づいて、ハッと息を呑む気配がしたかと思うと、あわてて体を離しました。

そして、振り向いた私に、ちょっと困ったような泣き笑いの表情で言ったのでした。

「そうよね、亮介君は男の子だものね。そういうところがわからなくて、やっぱり母親失格かもしれないわね」

中学から高校にかけては、男の性欲がいちばん旺盛な時期だと聞いたことがあります。そこに、豊満な体を密着されたのですから、私はもう何も考えられず、ブレーキがかけられない状態になっていました。

「玉枝さんが悪いんだぞ！」

そう叫ぶと私は、継母を畳の上に押し倒し、がむしゃらに体をまさぐりました。

それでも玉枝さんが抵抗しないのをいいことに、彼女のスカートに手を突っ込み、パンツをはぎ取ると、自分もズボンごとパンツを脱ぎ捨てました。

「乱暴にしないで……」

玉枝さんは、か細い声でやっと言いましたが、私は彼女のブラウスのボタンを強引にはずし、白いブラジャーをずらし上げました。

露《あらわ》になった大きく白い胸、意外に色素の薄いピンク色の乳輪を目の当たりにした私は完全に逆上してしまい、夢中でむしゃぶりついたのです。

当然、私は初めてでした。アダルトビデオなどで見たように、懸命に自分のアレを挿入しようとしましたが、うまくいきません。と、そのとき、玉枝さんが手を伸ばし、私のモノを握ってアソコに触れさせたのです。

想像以上の湿り気を先端に感じました。

「そのまま腰を前に……」

玉枝さんは小さな声で言い、私はあわててそのとおりに動きました。

次の瞬間、ぬるりとした感触と柔らかさ温かさが、私のモノを包みこみました。

「うっ！」

快感、そして興奮に、私は数回動かしただけでもう発射してしまいました。

その間、玉枝さんは声をあげることもなく、目をつむって横を向いたままでした。

しばらくぐったりとしていた継母は、やがてのろのろと体を起こしてテッシュを使うと服装を直しながら、つぶやきました。

「本当の母親じゃない私が、亮介君にできるのはこのくらいだから……」

かたちとしては私が強引にしてしまったのですが、手助けしてくれたことを考えると彼女もけっしていやがっていたとは思えませんでした。

玉枝さんが立ち去った部屋で一人になった私は、最後の言葉の意味をぼんやりと考えたのです。

（つまり、これからも、ということなのかな？）

そして実際、そのとおりになりました。

学校に行っている時間を除けば昼間は私と玉枝さんしか家にいませんでしたし、父親はなにかとつきあいも多く休日も留守にしがちでしたから、チャンスはいくらでもあったのです。

最初のころこそ「だめよ、亮介君」などと言って、抵抗する素振りを見せていた玉枝さんですが、二人きりになった若い男と成熟した女性です。強引に迫ると、玉枝さんは体を開いてくれました。

関係を持ちはじめてすぐは、入れてもあっという間にイッていた私が、高校三年生になるころには、自覚できるくらいに上達し、持続時間も長くなっていました。そのうえ、若い体力もありましたから、一度発射しても続けて何度でもできました。

そのころには、むしろ継母のほうが積極的になっていたような気がします。指や舌の使い方も教えられ、悦ばれたのを覚えています。

そうなると、私たちはその気になったときに、自分の部屋のベッド、父親と継母の寝室の布団、居間のソファ、風呂場と、昼夜を問わず広い家のあちこちで交わるようになりました。それどころか「お父さんは酔っ払って寝てるから」と、夜に私の部屋にやってきたことさえあったのです。

玉枝さんは「母親じゃなくて亮介君の女になっちゃったね」と、ときどき言っていましたが、そんなときの表情からは罪悪感が見て取れました。もちろん、私のほうも同じ気分だったのですが……。

どちらともなく関係を終わりにしたのは、そんな罪悪感が積み重なった結果なのでしょう。

高校卒業を控えた私は、とりあえず東京で一人暮らしするために、専門学校に通うことにしました。この家にいたら玉枝さんとの関係が続き、ほんとうに離れられなくなってしまうと思ったのです。

進路を告げたときの、ホッとしたような心残りのような複雑な感情が混ざった、継母の表情は忘れられません。

最後に関係を持ったのは、高校を卒業して上京する直前、まだ少し寒さの残る早春の夜のことです。

その日、父は仕事関係の研修旅行に出かけ、帰ってこないことを知っていました。

二人きりの夕食をとった私たちは、さっそく、いっしょに風呂に入りました。湯船の中で眺める継母の体は、見慣れてはいても相変わらず抜けるように白く豊満で、ふんわりとした雰囲気でした。

(玉枝さんの体も、これで見納めか)

もちろん、私の若いモノはこれから待っている快感を期待して、入浴前から硬く立ち上がっていました。

「亮介君、いらっしゃい」

玉枝さんに声をかけられて、上を向いているモノを隠しもせず湯船から出た私は、彼女の前に仁王立ちになります。膝をついたまま、一瞬だけ視線をそらした玉枝さんですが、鼻先に突きつけられたものを握ると、裏側を根元から先端まで舌先で舐め上げました。

「うっ……！」

私は思わず、短いうめきを洩らしました。

「どうする？　一回、ここで出しておく？」

「いや、今日は玉枝さんの中に、思うぞんぶん出したいから」

「私もそんな気分だわ」

言いながらも継母は、私のモノの先端を舐め回しつづけ、口に咥えて舌をからめたりもしました。

「ちょっと、玉枝さん……」

「こうしていると、私も興奮が高まってくるのよ」

それでやっと口を離した彼女は、ほんとうに四十歳を越えているのかな、と疑ってしまうような、少女を思わせるかわいらしい笑顔を浮かべました。

私は脈打っているのがわかるほどに、高まりきっている自分のモノを意識しながら、どこもかしこも柔らかな継母の体を抱きすくめました。

「そろそろ、俺のベッドに行こうよ」

玉枝さんは、私の誘いに小さくうなずいたのでした。

ベッドでは、すぐに挿入したい気持ちを抑え、いつにも増していねいに時間をかけて愛撫しました。

指での愛撫ももちろんですが、その夜は特に舌を使いました。

玉枝さんはしきりに恥ずかしがったのですが、部屋の明かりを消さず、ほどよく肉のついた彼女の腿を広げ、顔を埋《うず》めました。

これで最後になるのだから、いままで息子として、そして男として育ててくれた継母のあの部分や表情を、できる限り記憶に刻みたいと思ったのです。

目の当たりにした玉枝さんのアソコは、彼女が言っていたとおり風呂場でのフェラチオのように、ぬるぬると愛液まみれになり、灯りを受けて光っていました。

軽く入り口が開いて、まるで呼吸をしているようなアソコに、私はとがらせた舌先を伸ばしました。焦らすようにして、丹念に周囲から、そして、包んでる粘膜の鞘《さや》を舌先で剝き、いちばん敏感な部分をつつく感じで舐めはじめました。

「あっ！　あっ！」

私の舌先が触れるたびに、短い叫びをあげる玉枝さんの腰は小さく跳ね上がり、下半身ごとヒクつきます。

この段階で、私はいつもの玉枝さんと違うな、と気づきました。

というのも、ふだんの彼女ならどんなに感じても喘ぎ声を嚙み殺すか、自分の口を手のひらで押さえて声を出さないようにしていたからです。たとえ不在だったとしても、自分の夫、つまり私の父に対する罪悪感がそうさせていたのだと思います。それがあの夜は違いました。

ですから、そのときは自分もこれまでになく興奮を覚えたのです。

そこで私は、やっと継母のアソコに自分のモノを突き刺しました。

「ああーっ！」

玉枝さんは、いちだんと大きく甲高い喘ぎ声をあげ、私の背中に回した腕に力を込めました。

このころにはもう、持続時間にも自信を持っていた私は、継母の体をゆっくりと味わう気分で、余裕をもってゆっくりと、浅く深く自分のモノを出し入れしました。

「ああーっ！　いいっ！」

もう一度声を出した玉枝さんは身をよじらせ、眉と眉の間にしわを寄せると、じれったそうに自分からも腰を動かします。

やがて、彼女のアソコの内部が私のモノを絞り上げ、強い刺激を与えました。

「だめぇ！」

ひと言そう叫んだ継母は私にしがみつき、体全体をガクンガクンと大きくふるわせたのでした。

実を言えば、それまで指でイカせたことはあったのですが、男のモノで彼女をイカせたのはこれが初めてでした。玉枝さんの反応も、それまでの罪悪感や将来への不安感からやっと解放されると思い、心のおもしが取れて、女の純粋な快感に溺れることができたからだと思います。

玉枝さんはそれでぐったりとしましたが、アソコの内部は締まったりゆるんだりとした動きで、いったん、動きを止めた私のモノを刺激します。

やっと呼吸がととのった玉枝さんは、やっと言葉を口にしました。

「亮介君はまだイッてないの？」

「うん」

「すごく成長したね、最初のころは、指でなでただけでイッちゃってたのに」

そこで私は、返事代わりにまた、腰を動かしはじめました。

いきり立った自分のモノが、にちゃっ、にちゃっ、という濡れたアソコをえぐる音が響くなか、玉枝さんは泣き出しそうな声を出しました。

「亮介君、すごい！　また、すぐイッちゃうよぉ！」

継母のそんな表情を見つめながら動きを速めた私ですが、心身ともこれまで以上にない興奮のなか、今度こそ彼女の中に発射したのです。

「うっ！」

「ああっ！」

同時に、玉枝さんがまた体をふるわせました。

そのあとも、朝まで継母と何度交わったかわかりませんし、何度イカせたかもわかりません。

そんな経験と並んで、いま、思い出となっているのは、外が明るくなりはじめたなかで抱き合ったまま、玉枝さんが私の頭を軽くなでてささやいた「これで今日からは、母親と息子ね」という言葉です。

兄の奥さんに恋焦がれた若きあの頃
美義姉に童貞を捧げた甘い思い出

桑原隆太　無職　七十一歳

　いまから五十年近く前の話です。私の実家は田舎で酒屋を経営しており、七歳年上の兄があとを引き継ぐかたちで店を手伝うようになりました。それとほぼ同時期に、兄は佳苗《かなえ》さんという美しい女性と結婚し、傍目から見ても仲がよくてうらやましい家庭を築いていました。

　二人は亡くなった祖母の家に住んでおり、当時高校生だった私はよく遊びにいったものです。家にいると勉強しろと両親にしつこく言われるから逃げてきてるんだと兄には言っていましたが、本当は佳苗さんに会いたいからでした。

　佳苗さんは一人っ子だったということもあり、私のことを実の弟のようにかわいがってくれました。兄もそんな佳苗さんを微笑ましげに見つめていたものでしたが、私は姉に対する愛情というよりは、一人の女性に対する恋愛感情のようなものを抱いていたのでした。

ですが、当時の私はまだ女性とつきあったこともありませんでしたから、ただ佳苗さんへの思いに胸を焦《こ》がすだけで、結局、自分の気持ちを伝えることもなく、高校を卒業すると同時に就職して上京してしまいました。

でも、それ以降も私の佳苗さんに対する思いは募《つの》るばかりで、年末年始の休み以外でも、ちょっと連休があれば実家に帰省し、そのついでといった顔をして兄の家に遊びにいっていました。

そのときも、私は三連休を利用して帰省し、兄の家に遊びにいったのです。

「あら、いらっしゃい。だけど、弘太《こうた》さんは地方の造り酒屋さんに商談に行ってて、今日は帰ってこないのよ」

玄関で佳苗さんはそんなことを言うんです。兄がいない家に上がり込むことはできません。残念でしたが、少しでも佳苗さんの顔を見ることができてよかったと思い、私はそのまま帰ろうとしました。

「じゃあ、また兄貴がいるときに寄りますよ。これ、お土産の芋ようかんです。兄貴が帰ってきたらいっしょに食べてください」

「ありがとう。でも、隆太《りゅうた》君と食べたいな。家に一人だとさびしいのよ。お茶を淹《い》れるから、ちょっと上がっていって。さあ、遠慮しないで」

そう言うと佳苗さんは、さっさと家の奥に入っていってしまいました。断るのも変だし、もちろん私としては佳苗さんと少しでもいっしょにいたかったので、よろこんで家に上がらせてもらいました。


「芋つながりで思い出したけど、芋ようかんだけでは終わりませんでした。

弘太さんが持って帰ってきたんだけど、いい芋焼酎が入ったの。売るのがもったいないって隆太さんにも飲ませてあげるわ」

「いいんですか？　あとで兄貴が怒るんじゃないですか？」

「そんなの気にすることないわよ。かわいい弟に飲ませるんだもの、怒るわけないじゃない。そうだ、簡単なおつまみも作るから、ちょっと待ってて」

そう言うと佳苗さんはエプロンをつけて台所に向かいました。私はその後ろ姿をぼんやりと眺めながら、佳苗さんが自分の奥さんだったらどんなにいいだろうと考えていました。

「お待たせ」

振り向いた佳苗さんと目が合ったとたん、思わず私は顔をそむけてしまいました。だけど、そんな私の反応を気にすることなく、佳苗さんはおつまみをコタツの上に並べ、私に芋焼酎のお湯割りを作ってくれました。

「どう？　おいしいでしょ？」

「はい。まず香りがよくて、味にこくがあって……。これは確かに最上級の芋焼酎ですよ。ああ、おいしい」

酒屋の子どもでしたが、まだ二十歳の若造に芋焼酎の味なんてわかりません。精いっぱいの見栄を張って感想を口にすると、佳苗さんは楽しそうに笑いました。

「まるで芋焼酎ソムリエね。でも、これはほんとうにおいしいわ」

佳苗さんはけっこういける口らしく、グイグイ飲むんです。そして、三十分ほどとりとめのない話をしていると、彼女は酔いが回ってきたのか、急にとんでもないことを言い出しました。

「ねえ隆太君、高校生のとき、私の下着を盗んだでしょ？」

私は思わずむせてしまいました。確かにこの家に泊めてもらったとき、干してある洗濯物の中に佳苗さんのパンティを見つけ、どうしても欲しくなってそれをポケットに入れて逃げるように帰ったことがありました。

もちろん洗濯してあったので汚れや匂いは全然ありませんでしたが、それを使って一週間ぐらいは猿のようにコキまくったのを覚えています。

「知りませんよ。そんなの……」

私はいちおうとぼけてみせましたが、佳苗さんはよっぽど確信があるのか、私が盗んだという前提で話を進めるんです。

「あれを使ってオナニーしたんでしょ？　だけど、あんな洗ってある下着で興奮できるものなの？」

「そりゃあ義姉《ねえ》さんのアソコと密着してたものだと思えば、やっぱり興奮するというか……」

佳苗さんが特に怒っている様子もなかったので、私はしらばっくれるのはやめて、正直に自分の気持ちを話しました。

「ふ～ん。そんなもんなんだ。まあ、あのころは隆太君は高校生だったものね。さすがに社会人になったいまだと、もう洗濯したパンツなんかじゃ興奮しないわよね？」

佳苗さんは目がとろんとして、すごく色っぽいんです。酔うとエッチになる女性がいますが、まさに佳苗さんはそういうタイプのようでした。

これはひょっとしたら挑発されているんじゃないかという気がしましたが、私はただうつむくだけで、何もできません。相手が兄の奥さんだということが理由ではありません。当時はまだ童貞だった私は、女性に対してどういうふうに迫ればいいのかわからなかったのです。

私がモジモジしていると、佳苗さんはコタツから出て私の横に移動してきました。そしてピタリと体を寄せて、耳元でささやきました。

「ひょっとして隆太君は童貞なのかしら？　それなら私がリードしてあげないといけないわね？」

吐息が耳の穴をくすぐり、ゾクゾクするような興奮が体を駆け抜けました。そして、佳苗さんが口にした言葉の意味を理解した瞬間、股間がズキンと痛みました。ズボンの中という狭い空間で勃起したペニスが折れそうになって激痛が走ったのです。

「うっ……痛たたた……」

私は股間を押さえてうめきました。人妻である佳苗さんには、私の体になにが起こっているのか全部お見通しでした。

「あら、もうオチ○チンが大きくなっちゃったの？」

そう言うと私の股間をそっとさわるんです。

「ううっ……。だ、ダメだよ、義姉さん。もう……折れそうになってるんだから」

「あら、それはたいへんね。じゃあ、こんなのは脱いじゃえばいいのよ」

佳苗さんはすばやく私の腰のベルトをはずし、ズボンのチャックをおろしました。するとと私のペニスが勢いよく飛び出しました。それは自分でもあきれるほど硬くなっているんです。

「うわっ……なんなのこれ？」

私のペニスを見た佳苗さんは目を丸くして、驚きの声を出しました。物心ついてから、勃起したペニスを人に見られたのは初めてです。

当時はいまのようにインターネットなどという便利なものはありませんでしたから、無修正のポルノを見る機会などありません。だから自分のペニスが大きいのか小さいのか、よくわからないんです。

ひょっとしたら自分のものはかなりお粗末なのかもしれないと自信なさげにしている私に、佳苗さんは言いました。

「すごく立派よ。こんなに大きいのは見たことがないわ」

「ほんとですか？」

「ええ、ほんとよ。弘太さんも大きいほうだけど、それよりももっとすごいわ。ほら、指が回りきらないもの」

佳苗さんはうれしそうに言ってペニスをつかみました。その手は冷たくて、熱くなっていたペニスにはすごく気持ちいいんです。自分のペニスに自信を持てたのはよかったのですが、佳苗さんの口から兄のことが出て、私は少し罪の意識に襲われてしままいました。

「でも……兄貴のことはいいの？」

「私たちね、もう夫婦仲は完全に冷めちゃってるの」

「……冷めちゃってるって、どういうこと？」

「全然セックスしてないってことよ。一年くらいしてないかな。女盛りの体が疼いちゃうの。ねえ、弘太さんの代わりに隆太君が私の体の火照りを鎮《しず》めてちょうだい」

佳苗さんは私の手をつかみ、自分の胸へと導きました。佳苗さんの乳房はすごくやわらかくて弾力があって最高なんです。興奮のあまり、私は鼻血が出そうになってしまいました。

「もちろん鎮めてあげたいけど、ぼくはまだ……」

「そうだったわね。まだ経験がないのよね。それなら私が全部、手取り足取り教えてあげるわ。それでいい？」

「うん。もちろんだよ。ぼく、がんばるよ！」

「あら、すごく元気がいいのね。……こっちのほうも、すごく元気だわ」

佳苗さんはおもむろに私の股間に顔を近づけていき、パクッとペニスを口に咥えてしまいました。

「はうっ……」

フェラチオという行為自体は知っていましたが、もちろんされたことはありませんでした。その気持ちよさに私は体が溶けてしまうのではないかと思ったほどでした。

もちろん咥えて終わりというわけじゃありません。佳苗さんは口の中の粘膜でねっとりと締めつけるようにしながら、首を前後に動かしはじめるのです。

「あっ、はうっ……それ……気持ちいい……ううっ……すごいよ。はうう……」

それまで自分の手でしごくぐらいしか経験がなかった私にとっては、佳苗さんのフェラチオは怖くなるぐらいの気持ちよさでした。

気持ちよすぎて、若い私の限界はすぐにやってきました。

「だ、ダメだよ、義姉さん。も……もうイッちゃいそうだ」

身悶《みもだ》えしながら私がそう言っても、佳苗さんはフェラチオをやめようとはしません。

それどころか、首の動きをさらに激しくしていくのです。

「あっ……ダメだ。ほんとにもう……あああっ……で、出るよ。はっううう！」

次の瞬間、尿道の中を熱い衝撃が駆け抜けていき、それは佳苗さんの口の中に勢いよくほとばしりました。

「うっぐぐ……」

佳苗さんは苦しそうにうめき、ペニスを口から出しました。唾液と精液が混じり合った液体が長く糸を引き、すごくいやらしいんです。いまの若い女の子なら、きっとそのまま飲み込んだことでしょうが、なにしろ五十年も前のことです。佳苗さんはチリ紙を取ってそこに吐き出しました。

「ごめん。ぼく、我慢できなくて……」

佳苗さんが怒るのではないかと不安になりましたが、そんなことはありませんでした。それどころか佳苗さんはなんとも魅力的な提案をしたんです。

「さあ、今度は隆太君が私を気持ちよくしてくれる番よ。どうやって気持ちよくしてくれる？」

悪戯っぽい笑みを浮かべながら佳苗さんは私を上目づかいに見つめました。そのとき、私は迷わず答えました。

「じゃあ、ぼくも義姉さんのアソコを舐めて気持ちよくしてあげるよ」

「えっ……それはちょっと恥ずかしいな」

そう言いながらも、佳苗さんはもう服を脱ぎはじめています。兄とセックスレスだったというのは本当らしく、もう欲求不満がかなり深刻な状態だったようでした。

佳苗さんは私の目の前で全裸になり、座布団を並べた上にあおむけになりました。

オッパイも大きくて、体を動かすたびにゆさゆさ揺れるのがすごくエロいのですが、当時の私の興味は陰毛がたっぷりと茂った佳苗さんの股間に向けられていました。

なにしろ、さっきも書きましたが、インターネットなどまだない時代です。裏本の登場ももっとずっとあとです。医学書のイラストぐらいでしか女性器を見たことがないのです。しかも、そこにあるのは大好きな佳苗さんの性器です。もう見たくて見たくてたまりませんでした。

「じゃあ、いっぱい舐めてあげるね」

私は佳苗さんの両足首をつかんで左右に開かせました。するときれいな割れ目が露《あらわ》になりました。佳苗さんは少し土手高らしく、こんもりと盛り上がった大陰唇がピタリと合わさっているんです。

「もっと……もっとよく見せて」

私は両膝の裏に手を添えて、それを腋の下のほうへ押しつけるようにしました。

「あぁぁん、いやぁ……」

悩ましげな声を洩らしながらも、佳苗さんは特に抵抗はしません。すぐにオムツを替えてもらう赤ん坊のようなポーズになりました。股間をグイッと突き出す形になると、それまで張りついていた小陰唇がひとりでに剝がれ、ねっとりと糸を引きながら左右に開いていくんです。

「おお……すげえ……。なんていやらしい眺めなんだろう」

私は思わずそんな感想を口にしていました。生まれて初めて見る女性器はかなりグロテスクでしたが、それでも私の劣情を猛烈に刺激してくるんです。私は両手で佳苗さんの脚を押さえたまま、陰部を凝視しました。

「あぁぁん、いやよ、そんなに見られたら恥ずかしいわ。はあぁぁ……」

佳苗さんの鼻にかかった声で私は我に返りました。見ているだけではダメなのです。舐めて佳苗さんを気持ちよくしてあげると口にしたのですから。

佳苗さんは自ら両膝を抱えるように持ち、私の前に陰部を突き出しつづけてくれていました。そして私のクンニを催促するように膣口がヒクヒクと動き、そこから透明な液体がわき出てくるんです。

「いっぱい舐めてあげるね」

私は佳苗さんの陰部をぺろりと舐めました。

「はあああんっ……」

佳苗さんの体がビクンと痙攣し、感じていることを私に伝えました。だから私は、ぺろりぺろりと舐めつづけたのです。マン汁はかすかな塩味がする程度でしたが、それが大好きな佳苗さんの恥ずかしい場所から溢れ出た液体だと思うと、最高級の芋焼酎など比べものにならないぐらいおいしく感じました。

そして、がむしゃらに舐め回していると、佳苗さんが少し焦れたように言いました。

「あぁぁぁん、隆太君、ここを舐めてみて。ここがいちばん気持ちいいの」

そう言って佳苗さんはクリトリスの皮を剝いてみせるのでした。

「こう？　こんな感じでいい？」

私は言われるままクリトリスを舐めはじめました。

「ああっ、いい〜。もっとぉ〜。もっと舐めてぇ〜。ああっ、いい〜！　はあああん！」

佳苗さんは怖くなるぐらい激しく身悶えし、絶叫に近い喘ぎ声をあげつづけました。

その反応に背中を押されるように、私はさらに激しくクリトリスを舐め回しました。

「あっ、ダメ、ダメ、ダメ〜！　はっあああん！」

ビクンと体を痙攣させて、佳苗さんはぐったりと手脚を伸ばしました。そしてオッパイをゆさりゆさりと揺らしながら苦しげな呼吸を繰り返すのです。

「義姉さん、イッちゃったの？」

「ええ、隆太君に舐められてイッちゃったの。すごくじょうずだったわ」

生まれて初めて女性をイカせて、私は感動のあまり鳥肌が立っていました。でも、それで満足するわけにはいきません。私はまだ童貞のままだったのですから。

「あら、すごいことになってるわね。さっき、あんなにいっぱい出したばかりだっていうのに……」

火照った顔を私の股間に向けて佳苗さんが言いました。直前にフェラチオで大量に射精したばかりでしたが、私のペニスは射精前よりもさらに硬く大きくなっていました。それはこれから自分が経験する快感を期待してのことです。

「もう義姉さんのオマ○コに入れてもいい？」

「いいわよ。さあ、来て。どこに入れればいいかはわかるわよね？」

佳苗さんはまた私に向かって大きく股を開いてくれました。そこは唾液と愛液にまみれていて、膣口が物欲しそうにポッカリと口を開いているんです。

「うん。大丈夫だと思う。入れるよ。いいんだね？」

「ええ、いいわ。早く入れてぇ……はあああん……」

「あ、ううう……。す……すごく狭いよ。うううっ……」

ペニスを挿入しようとしたのですが、想像していた以上に狭いんです。ほんとうにここで合っているのかと不安になるぐらいでした。

「はあああぁん……小刻みに動かしながら少しずつ入れてみて」

佳苗さんに言われて、私は押しつける力を強めたり弱めたり繰り返しました。すると、ある瞬間、ヌルリとすべり込んだんです。

あたたかな膣粘膜が私をねっとりと包み込みました。

「ううう……すごく気持ちいいよ」

「はあぁぁん……。動かしてぇ～。いっぱい動かして、中をかき回してぇ～」

言われるまま、私は腰を前後に動かしました。それはフェラチオ以上の気持ちよさです。しかも、目の前では佳苗さんのオッパイがゆさゆさ揺れているんです。

私は佳苗さんにおおい被さり、オッパイをもんだり舐めたりしながら腰をがむしゃらに動かしつづけました。

二人の体がぶつかり合って、パンパンパン……と大きな音が鳴るぐらい激しくペニスを抜き差ししていると、すぐに限界が迫ってきました。

「ううっ、気持ちよすぎて……ああ……もう……もう出ちゃいそうだ」

「はあああん……。私もイキそうよ。いっしょに……いっしょにイキましょ。はああん……」

そう言うと佳苗さんは膣壁に力を込めてペニスを締めつけるんです。とたんに快感が何倍にもなったように感じ、私はあっさりと限界を超えてしまいました。

「ああっ……で、出る……ううううっ、佳苗さん！」

「はあああん！　イクイクイク～！　あっ、はあああん！」

私が射精すると同時に佳苗さんも絶頂に昇りつめ、下から私の体をきつく抱き締めました。そして私は精巣の中が空っぽになるまでドピュンドピュンと射精を繰り返したのでした。

それからしばらくして佳苗さんは妊娠し、子どもが生まれました。私にとっては甥に当たります。兄とはまったくセックスしていないと言っていたので、ひょっとしてと思いましたが、怖くて確かめることはできませんでした。

でも、兄が特に何も言わずに子どもをかわいがっているのを見ると、私が佳苗さんに童貞を奪ってもらった直後に、兄も佳苗さんとセックスしたんだと思います。それはたぶん、佳苗さんが保険のために強引に迫ったのでしょう。

その子どもも、いまではもう五十歳になろうとしています。そして、あの日のことは私と佳苗さん、二人だけの秘密なのです。

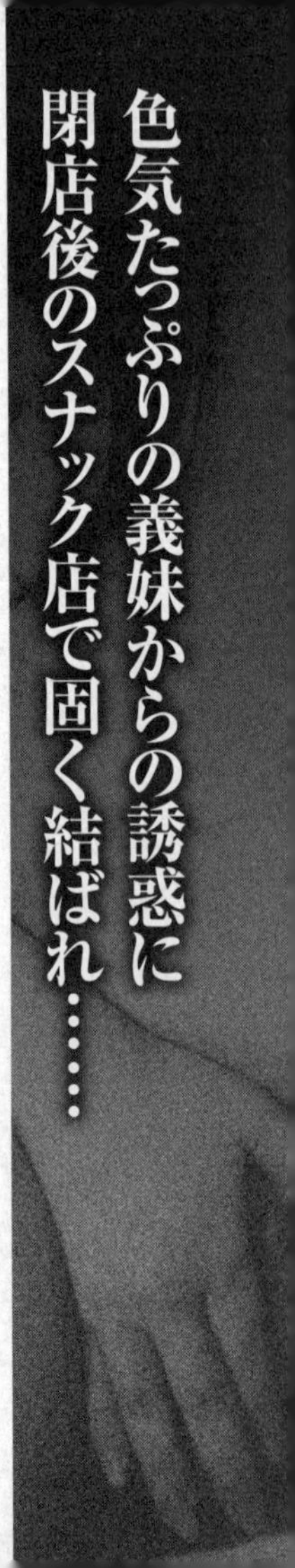

色気たっぷりの義妹からの誘惑に閉店後のスナック店で固く結ばれ……

木崎健太郎　会社員　五十一歳

四十六歳になる妻の志津香《しづか》は、とてもしっかり者で近所でも評判の美人です。

もちろん、多少の欲目も入っているでしょう。妻にこんなことを言えば、いい年をして冗談はよして、と叱られてしまうかもしれません。

それでも昔と変わらぬ美貌で、スタイルも抜群の志津香は、私にとって自慢の妻でした。

美人なだけでなく貞淑で教養もあり、息子が学校を卒業するまでPTAの会長も務めていました。自慢したくなるのも理解してもらえると思います。

ところが一般的に、姉妹というのはまったく異なる性格になることが多いのだそうです。

妻の妹の留美《るみ》ちゃんが、まさにそうでした。

妻よりも七つ年下の三十九歳。これまで二度結婚し、二回とも離婚して現在は独身です。職も水商売を転々とし、いまは小さなスナックに勤めています。

性格は一言でいえば、男にだらしなく天真爛漫《てんしんらんまん》、といったところでしょうか。なにしろ妻の妹だけに、相当な美人で若いころからモテたらしいのです。ところが浮気を繰り返し、すぐに愛想を尽かされるパターンで、何度も妻には説教をされたのだとか。

いまだにフラフラと男を渡り歩いている留美ちゃんを、妻も相当に心配して私に相談していました。

「誰でもいいから、ちゃんとした人を紹介してくれないかしら。このままだと落ち着かずに一生苦労することになりそうだから」

私も留美ちゃんのことを思い、別の会社の古い知り合いを紹介しました。彼女と同い年であまりモテそうにないタイプですが、仕事はまじめで誠実な性格です。

二人を引き合わせてみると、意外にも留美ちゃんは彼を気に入り、デートも重ねていい雰囲気になったようです。

これで一安心と私は胸をなでおろし、妻もいい相手を紹介してくれたと私に感謝してくれました。

ある晩、私は会社の帰りに、留美ちゃんが働くスナックに顔を出しました。

「あら、いらっしゃい。健太郎《けんたろう》さん来てくれたんだ」

ママと二人でカウンターに立っていた彼女は、ふだんは見ない色っぽい服装でした。豊かな胸元を強調したブラウスに、太ももに深い切れ込みの入ったタイトスカート。濃い目のメイクも色気を漂わせています。

この店を訪れたのは、息抜きがてらに彼女の近況を聞くためです。そろそろゴールインしてもいいころだと妻も私も期待していたので、そのあたりを確かめてみるつもりでした。

「で、どうなの最近？ つきあいは順調にいってる？」

私は彼女をボックスに呼び出し、一対一で酒を飲みはじめました。

ふだんは義兄と義妹という立場ですが、ここでは客とホステスです。いやでも隣に座っている彼女のセクシーな服装が目に入ってきます。

私はできるだけそちらに気を取られないようにしつつ、探りを入れてみます。

「んー、そうね。順調といえば順調だけど……」

そこまで言うと、彼女が声を落としてため息をつくので、私は不安になりました。

「どうしたんだい？ 何か不満でもあったら相談に乗るから言ってごらん」

「実はね、彼ってあっちのほうがちょっと弱いの。もっとガツガツ来るような人じゃないと、私って満足できないから」

あっけらかんと大胆なことを打ち明けるので、今度は私が言葉に詰まりました。

「いや、まぁ、それはもういい年なんだし。そこは我慢しないと」

「でもねぇ。これから結婚も考えるってなれば、やっぱり体の相性って大事でしょ。前の結婚もセックスが原因で別れたのよねぇ。毎晩でも抱いてくれないと、我慢できなくなってつい浮気しちゃうの」

話には聞いていましたが、貞操観念はかなり緩いようです。それをあっさり打ち明けるのも、彼女らしいといえばらしいのですが。

しばらくそうした話をして過ごしましたが、この日は客足も多くはありません。いつの間にか外は大雨になっていたようです。

そこで早めに店を閉めることになり、ママは私たちを置いて一足先に帰ってしまいました。

店内は私と留美ちゃんの二人きりです。私は無理に雨のなかを帰ることもないだろうと、もうしばらく酒を飲んでいくつもりでした。

「ふふっ、やっと二人きりだね」

突然、彼女がそう微笑みかけてきたので、私はドキッとしました。

さらに隣に座っていた彼女が、体がくっつくくらい距離を縮めてきました。

「ねぇ。さっきは私の足、こっそり見てたでしょう」

と、私の目の前で足を組み替え、これ見よがしに美脚アピールまでしてきたのです。

「おいおい、だいぶ酔ってるみたいだね」

「あら、本気なのに。ずっと健太郎さんのこと狙ってたんだから」

驚くようなことを私に言いました。

それだけではありません。なんと体に腕を回して抱きついてきたのです。

さすがに悪ふざけが過ぎると思い、私は「よしなさい」と注意しましたが、なおも彼女は離れようとはしません。

さらに私の首筋に顔を埋《うず》めると、耳の近くに息を吐きかけ、ペロペロと舌まで這わせてきたではありませんか。

「いやらしいでしょ。私って、いつもこんなふうに男の人に迫ってるのよ。たいていの人はコロッと落ちちゃうんだから」

私も耳元を這う舌にゾクッと来てしまいました。彼女が言うように、まちがいなく男はこんなことをされれば参ってしまうでしょう。

ただ私にはまだ理性が残っていました。なんとか彼女を押し止め、この場はいったん離れようとしました。

「ん、もう。せっかく二人きりのチャンスなのに堅いんだから。こうなったら力ずくで健太郎さんのこと奪っちゃおうかな」

楽しげに言うと、彼女はおもむろに服を脱ぎはじめたのです。

私が止める間もなく、ブラウスを脱いでスカートにも手をかけました。

目に入ってきたのは派手で大胆なレースの下着です。透けて股間に広がっている毛まで見えました。

まじめで貞淑な妻はけっしてそんなものははいてくれません。それだけに彼女のセクシーさに思わず見入ってしまいました。

「やっぱり健太郎さんもこういうのが好きなのね」

「いや、そんなことは……」

まさか客がいないスナックとはいえ、こんな場所で堂々と下着姿になってしまうとは思いませんでした。

それ以上に目を奪われたのが彼女のスタイルです。妻よりも胸が大きく、それでいてむっちりとした魅惑的な腰つきをしています。

まさに色気のかたまりのような体で私にもたれかかり、今度は唇にキスをしてきました。

「ンンッ……」

あまりの強引さに、私は彼女の腕に抱かれたまま抵抗できませんでした。

彼女の息からは強いお酒の匂いがします。それでいて色っぽい吐息を吹きかけながら、私にディープキスを迫ってくるのです。

唇を割って入ってきた舌が、いやらしく私の舌に絡みついてきました。ねっとりと動いてなかなか離れようとはしません。

私は辛うじて鼻で息をしながら、しばし舌と唇の感触を味わっていました。

ようやく唇が離れ、彼女は上気した顔で微笑みかけてきます。

「うふふっ、健太郎さんも楽しんでたじゃない。私とのキス、気持ちよかった？」

「もうよしなさい。いまならまだなかったことにできるから」

なんとか冷静になってもらおうと、私は彼女に説得を続けます。

しかし私のそんな態度が、逆に彼女の心に火をつけてしまったようなのです。

「もう、ここまでしてるのに。こうなったら絶対に私を抱くまで帰さないからね」

彼女は苛立《いらだ》ったように言うと、自らブラジャーをはずしてみせました。

ぷるん、とふるえながら胸がこぼれ落ちてきます。豊かなサイズのふくらみは、釣り鐘のように前に突き出しながらも、わずかに垂れていました。

まるで週刊誌に載っているグラビアのような巨乳です。年齢が年齢なだけに、さすがに重さに耐えきれないようですが、熟れた色気を漂わせていました。

「だいじょうぶ、姉さんには黙ってるから。安心しておっぱいに甘えてもいいのよ」

まるで子ども扱いですが、たしかに彼女のふくよかな胸は、思わず顔を埋《うず》めてみたくなります。

それを我慢していると、彼女から私の頭を胸に抱き寄せました。

肌のやわらかさと香水の甘い匂いに包み込まれた私は、理性が弾ける寸前でした。力ずくで引き離そうと思えばできますが、そんなことをする余裕がありません。

（ええい、くそっ。どうにでもなれ）

とうとう私は我慢できなくなり、彼女の胸に吸いついてしまったのです。

すかさず彼女は私の背中に手を回します。そのまま座っているソファに横になり、私がおおい被さる形にさせました。

もうこうなれば、思う存分むしゃぶりつくしかありません。温かくて弾力のあるふくらみを顔で感じながら、口に含んだ乳首を舐め回します。

「あんっ……」

しばらくすると乳首が硬くとがり、彼女が甘い声を洩らしはじめました。ますます私は頭に血が上り、力を入れて吸い上げました。ふくらんだ乳首の先をしつこく舌で弾き、ついでにもう片方の胸ももみしだきます。

「健太郎さんって意外とガツガツしてるのね」

言われるまで、いかに自分が夢中になっていたか気づきませんでした。吸っていた乳首はすっかり硬くなり、握り締めた肌がうっすらとピンクに染まっています。

「すまない。少し力が入りすぎてしまって」

「ううん、いいの。これぐらい刺激が強いほうが私も好きだから」

何人もの男に抱かれてきて、ちょっとやそっとでは物足りなくなったのでしょうか。ともかく私と彼女の相性は意外にもいいようでした。実は私も妻とのセックスに飽きを感じていて、というのも妻は昔からノーマルで少しでも乱暴にされるのを好まないのです。

私は一度だけでもいいから、女性を思うままに抱いてみたいと思っていました。その願いがここでかなうかもしれません。

「ほんとうに、いいんだね。ここまで来たんだから後戻りはできないよ」

「いいに決まってるじゃない。私だっていっぱいエッチなことしたいんだから」

もう私にためらいはありませんでした。妻の妹という、絶対に手を出してはならない相手だからこそ、禁断の思いが燃え上がってきます。

いったん私も体を引いて背広を脱ぎ、あらためてソファの上の彼女を上から下まで味わい尽くします。

女盛りのふくよかな体つきは見れば見るほど魅力的で、匂いもさわり心地も申し分ありません。

私が顔を埋めた場所は、首筋から胸、腋の下にまで達しました。そこはやや汗ばんだ濃厚な匂いがしたものの、けっしていやな香りではありません。

「あぁっ、あ……ううんっ」

私が肌に舌を這わせている間、彼女は小さな吐息と喘ぎ声を出し、ときおりくすぐったそうに体をよじっていました。

上半身から少しずつ下半身へ顔を移動し、おへそを舐め、太ももにも手を伸ばしました。

いやらしく足をなでながら、下着をはいたままの股間をクンクンと嗅ぎます。

レースの下着越しにも濃厚な匂いが伝わってきました。妻のお風呂上がりの清潔な匂いしか嗅いだことがない私には、むせるような股間の匂いはたまらなく興奮を煽るものでした。

いよいよ最後に残った下着に手をかけます。

期待に胸をふくらませて脱がせてみると、淫らに広がった毛におおわれた、熟れきった股間が顔を出しました。

色も形も妻のものとはまるで違います。やはり使い込んでいるのか、爛《ただ》れた色の小陰唇はかなりの大ぶりでした。

私の指はその奥にある、濡れた穴とその周辺をいじりはじめます。

「あっ、あんっ……ああっ」

まだ軽く指先でなぞっているだけなのに、彼女は敏感に反応しています。

私の指はすでにぬるぬるとした液で濡れ光っていました。指を動かすと、愛液が糸を引いて滴《した》り落ちるほどです。

「ずいぶん感じやすいんだね。もうこんなにびしょ濡れだよ」

と、わざと濡れた指先を顔に近づけると、さすがに彼女も恥じらいを含んだ表情を見せました。

「もう、あんまりじらさないで。さっきからずっとま○こがウズウズしてるのに」

「えらく大胆なことを言うじゃないか。そんなに待ちきれないのか?」

さっきから物欲しそうにヒクついている膣口に、私は指先を突き刺してやりました。

「はぁんっ……!」

そのとたん、彼女は大声で喘ぎます。

彼女の膣内は生温かくぬかるんでいて、指に食いついてきました。

私は奥まで挿入した指を「く」の字に折り曲げ、子宮に近い場所をまさぐってやりました。こうすると物静かな妻でも悦び、喘ぎ声を洩らしてくれるのです。

「あっ、ダメ、ダメぇ。そこすごく弱いのぉ」

彼女の反応は、妻よりもはるかに大きなものでした。腰を浮かせてイヤイヤをするように頭を左右に振っています。

それにしても彼女の感じっぷりは相当なものです。姉妹だけに性感帯も妻とよく似ているのかもしれません。

私はさらに膣奥を刺激しながら、もう片方の手で勃起したクリトリスもつまんでやりました。

「ああぁっ! もうダメ、私……」

「何がダメなんだ、言ってごらん」

彼女が何を言いたいのかわかっていながら、あえて聞いてみました。

するとと我慢できなくなったように、彼女は切羽詰まった声で叫びます。

「もうイキそうなの、お願い。このままだと本気でイッちゃうからぁ」

指を抜いてほしいと、そう訴えかけているのでしょう。しかしサディスティックな気分になっていた私は、なおも指で抜き差しを繰り返しました。

あれだけ大胆に人を誘惑しておきながら、指だけで簡単にイッてしまいそうになるなんて、そのギャップが非常にそそります。

ぜひその姿を見せてもらおうと、彼女の感じる膣奥まで深くえぐりつづけました。

「いっ、あ、ああ……」

不意に彼女がピクピクッと腰をふるわせ、声を落としたかと思うと、

「イクぅっ！」

次の瞬間には、盛大に潮を洩らしていました。

これには指を挿入したままの私も驚きました。女性の潮吹きなど生まれて初めて見たからです。

私の腕だけでなく、体にも噴き上がった液がかかりました。しかし困惑するどころか、異様なまでの興奮に包まれていたのです。

「ほら、もっと吹けっ。出してみろっ」

「ああんっ、出るっ、いっぱい出ちゃうっ！　もっとイカせてぇ！」

こうなると彼女も我を忘れてよがりっぱなしです。自ら大きく足を広げて腰を突き上げ、何度も潮吹きを披露してくれました。

ようやく彼女も落ち着き、私が指を引き抜くと、おびただしい量の液があたりに飛び散っていました。

「ふふっ、興奮しちゃった？　こんなに大きくなってる」

ついいましがた、激しくイッてしまったばかりなのに、彼女はもう私の股間に手を伸ばしていました。

何も言わずにベルトをはずし、下着まで脱がせてしまうと、そのままペニスにむしゃぶりついてきます。

まるでそうするのがあたりまえのように、口に含んで舌を絡みつかせてきました。妻でさえこれほど献身的に愛撫してくれたことはありません。

「ううっ……」

あまりの快感に声を洩らしてしまうほどです。

彼女の唇は色っぽくペニスの根元で動いています。私の視線を意識しているのか、ときおりチラッと見上げては、これでもかと深く呑み込んでくれるのです。

さらにクイクイと顔ごと揺すられると、快感が全身に広がってきます。

「大きくて素敵。姉さん、いつもこれを味わってるのね」

「志津香はこんなに気持ちよくしてくれないよ。最近は夜もさっぱりだし」

「ほんとうなの？　じゃあ、私がもっとよくしてあげる」

彼女はどこか妻に対抗意識を持っているかのようでした。私にそう言うと、より熱のこもったフェラチオをしてくれたのです。

ねっとりと濃厚な奉仕は、私が「よし、もういいよ」と言うまで続きました。これ以上されたら、私まで危うく果ててしまうところだったのです。

「ベッドはないけど、ここでいい？」

「ああ、じゅうぶんだよ」

私たちは座っていたソファをベッド替わりにしました。下になるのは彼女です。

まずは深く腰かけさせ、背もたれに体を預けさせます。私は大きく開いた彼女の足の間に体を入れ、両足を抱え上げました。

「そういえば、これって近親相姦になるんだよね。私たちって血のつながりはないけど義兄妹なんだから」

「なんだ、いまごろ気づいたのか」

「わかってたけど、なんとなくこういうのって妙な気分にならない？　だって兄妹なのにセックスするんだから。普通じゃありえないでしょ」

私にも彼女の言わんとするところはわかります。留美ちゃんが赤の他人ならまだしも、妻の妹を抱くという背徳感は私にもありました。

ともかく私は一刻も早く彼女の体を味わいたく、ペニスを股間に突きつけました。

「来て、お義兄《にい》さん……」

初めて私のことをそう呼んでくれたとき、私のなかで何かが爆発しました。

「入れるぞっ、留美」

私も彼女のことを呼び捨てにすると、一気にペニスを挿入します。

なめらかでたっぷりうるおっていた膣は、難なく私を受け入れてくれました。根元まで呑み込まれてしまうと、たちまち快感が襲ってきます。

これも近親相姦という言葉の魔力なのか、妻を抱くときよりも、はるかに私は興奮していました。

「どうだ、留美。おれたちつながったんだぞ」

「うん。私こんなにドキドキした気分になるの初めて」

おそらく彼女も似たような心境だったのでしょう。私たちは兄と妹になりきったまま、きつく抱き合っていました。

加えて彼女の膣は絶品で、ペニスにまとわりつくように吸いついてくれます。私はその感触に酔いしれながら腰を使いました。

「あっ、ああんっ、お義兄さんっ、ち○こ熱いっ、おかしくなりそうっ」

一突きごとに、彼女は喘ぎ声と淫らな言葉を聞かせてくれます。乱れている表情もたまらなく色っぽいものでした。

こんな体を抱いて燃え上がらないわけがありません。多くの男たちがとりこになったのもわかる気がします。

私はいつしか腰を振ることに夢中になり、ソファの上で彼女の体を激しく打ちつけていました。

多少、乱暴に扱おうが彼女はいやがりません。それどころか「もっと、もっとぉ」とよがりつづけるのです。

「留美はほんとうにスケベだな。志津香よりもずっといいよ」

「ほんとうに？　私の体、姉さんよりもいい？」

「ああ。最高だ」

私の言葉に彼女も興奮したのでしょうか。私を抱き締める腕に力を込めて、下からさらに腰を煽ってくるのです。

たまらなくなった私は、より激しくペニスを打ち込みました。何度も何度も、彼女が悲鳴をあげるほど動いていると、こっちも我慢できなくなってきます。

「留美、そろそろイクぞ」

私がそう言うのを待っていたかのように、彼女は聞いてきました。

「ねぇ、中に出しちゃう？」

私にはそれが悪魔のささやきに聞こえました。妻がいる私に対して、まちがいなく彼女はそれを誘っています。

彼女の膣も同じようにペニスをきつく締めつけてきて、さらに快感が跳ね上がりました。

いっそこのまま出してしまおうか、そう気持ちをゆるめかけましたが、私は辛うじて踏みとどまりました。

ギリギリのところでペニスを抜き、彼女の体に向けた瞬間です。先端から精液が溢れ出しました。白い液体が黒い陰毛の上に飛び散り、股間にも垂れていきます。

私は快感にひたるよりも、彼女の誘惑に負けずにホッとしていました。

あとになってわかったことですが、どうやら留美ちゃんは小さいころから優秀な姉と比べられ、劣等感を持っていたようなのです。

もしかして私を誘ったのは、彼女なりの姉への復讐だったのかもしれません。

留美ちゃんとの関係はあれ一度きりですが、私はいまだに罪悪感を抱えています。

妻を裏切ったことと、それ以上にもう一度彼女を抱いてみたいという思いを断ち切れずにいるからです。

もしまた抱いてしまえば、今度こそ後戻りができなくなるかもしれません。

悶々と苦しむ日々はまだまだ続きそうです。

〈第四章〉

寂しさに震える息子の嫁を……

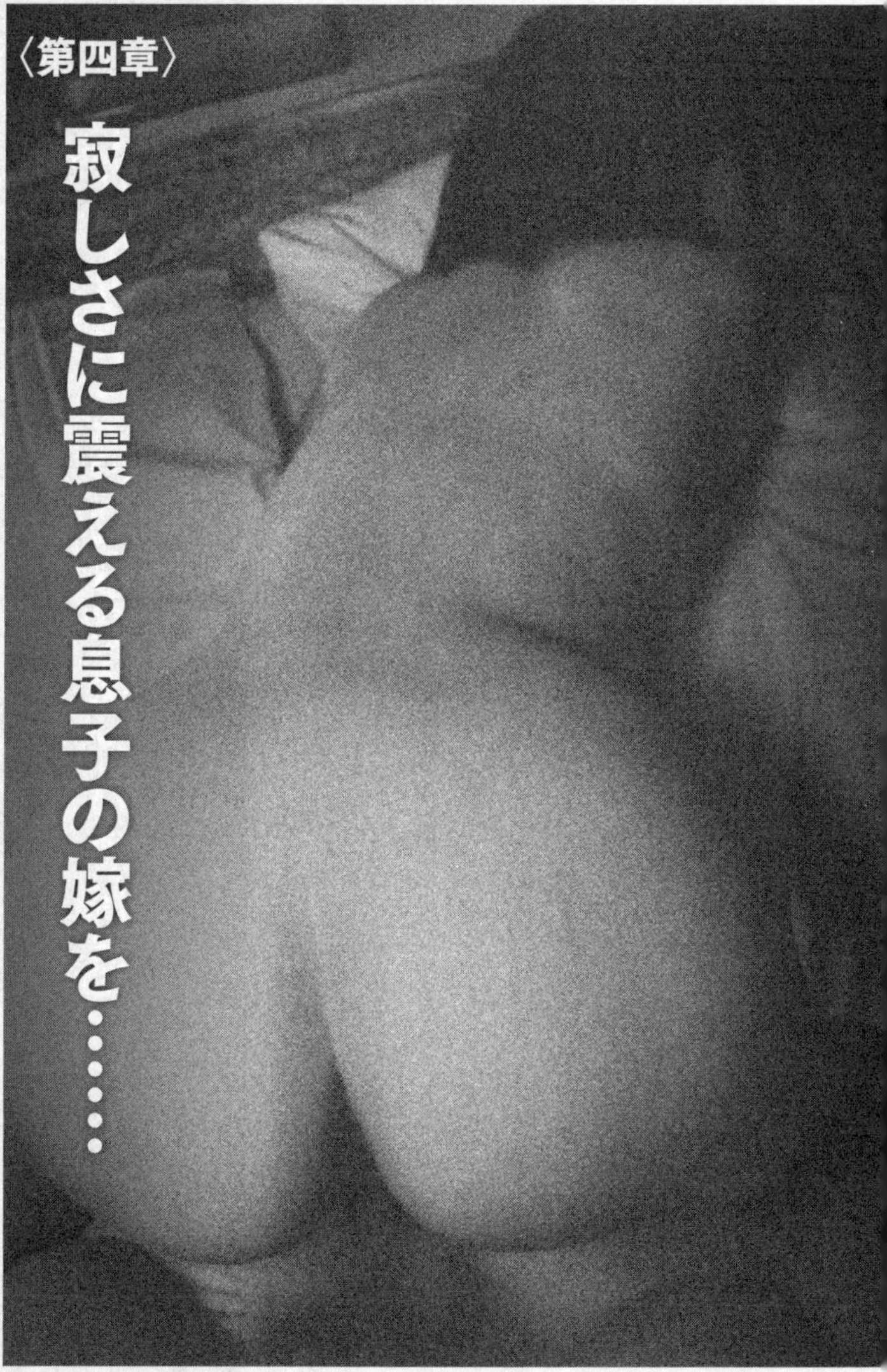

二十五年以上にわたる実妹との禁断愛
さらに姪の若い身体まで味わって

榎本孝志　会社員　五十歳

今年で五十歳になる、平凡な会社員の男です。

そんな私ですが、実はずっと誰にも言えない秘密を持ちつづけてきました。

それは、血を分けた実の妹と近親相姦の関係を続けていたということです。

六歳離れた妹は、名前を深雪《みゆき》といいます。深雪と私が初めて関係したのは、私が二十四歳、妹がまだ十八歳のときでした。もう二十五年以上前のことです。

そのころ私は親元を離れて暮らしていたのですが、妹がそこをたずねてきて、兄の私を誘惑してきたのです。

妹の深雪は、しばらく見ないうちにギャルふうの見た目に変貌していました。ちょうど時期的に、コギャルが話題になりはじめたころだったと思います。

何しに来たのかも告げず部屋の中でゴロゴロして私に猫のように甘え、そして最終的には私の服を強引に脱がして、自ら私の体に跨《また が》ってきたのです。

妹が性的に淫乱なのだということを、私はこのとき初めて知りました。

積極的に私のペニスを舐めて、私の上で激しくガンガン腰を振りまくって……私はされるがままに、自分の部屋で妹に犯されてしまったのです。

「お兄ちゃんとするのって、普通の男とヤルのとなにか違うのかなって、気になっちゃって」

なんでこんなことをしたのかと聞くと、深雪はそう答えたのです。

「でもお兄ちゃんとするのが、いちばん気持ちよかったかも。また来るね」

私はあきれました。

しかし、私自身も深雪の体の気持ちよさに参ってしまったのです。それ以来、月に数回ほど、深雪は私と関係を持ってきました。

そしてこの関係は、お互いに結婚して家庭を持ったあとも止まらなかったのです。

単に近親相姦だというだけでなく、結婚後は不倫関係でもあったわけです。

それがこんなに長い間周囲にバレずに過ごせたのは、兄妹だというのがかえってよかったのかもしれません。

まさか血の繋がった者同士がそんなことをするとは周囲も思わないのでしょう。

いま現在、私には十七歳になる息子が一人、そして深雪には十八歳になる娘の里香《りか》がいます。

そしてその里香は、私から見れば姪っ子にあたるわけですが、この若い娘とも私は関係を持ってしまったのです。

きっかけは、深雪の家を訪れたときのことでした。

私は深雪と関係するとき、たいていの場合、彼女の家でしています。あらかじめ深雪から夫と娘がいない日を連絡されて、その日を選んで私が行くのです。

私は外回りの営業をしているので、その仕事の合間を縫って深雪の家に行って関係します。昼間にしたほうが、このような関係はバレにくいものなのです。

合鍵も持っているので、私はインターホンも押さずに家に上がり込みます。

しかしその日、家で私を待っていたのは、深雪ではなく娘の里香だったのです。

「あれ、どうしたの急に？　伯父さん……」

里香は驚いた様子で家に勝手に上がり込んだ私を見ています。

驚いたのは私も同じです。いないはずの姪がいたのですから。

「い、いや……深雪のやつは、どうしてる？」

「今日は火曜日でパートだから、夜まで帰らないけど……」

私はそこまで聞いて、ようやく気づきました。日にちをまちがえていたのです。

「ああ、そうか……い、いや、少し用事があったけど、いいよ、帰る」

そう言って帰ろうとする私の袖を、里香が引っぱって引き留めました。

「そう言わずに何か飲んで、ちょっとゆっくりしていきなよ」

私は里香に強引にリビングのソファに座らされていました。

里香は私にお茶を出してくれましたが、私の視線はと言えば、彼女の肢体に釘づけになっていました。

何せ、露出が多いのです。実は母親の深雪同様、里香もギャル系です。かなり派手で、肌も日焼けしています。深雪の現役の時代とはノリは違いますが、やはり母娘で似るものなのでしょうか。

「それにしても、伯父さんが来てくれるなんて、うれしいなぁ」

ソファの私の隣に腰かけながら、里香がそう言います。

里香の顔がすぐそばまで寄ってきます。なんとも言えないいい匂いがします。

「うれしい、って……」

「だって、あたし伯父さんのことすごい好きだし」

そんなこと急に言われて、私もなんだか動揺してしまいました。

里香は、深雪以上にスタイルがよく、あたりまえですが肌も若々しいのです。

そして、私が妻以上に長年にわたって関係している妹の深雪の若いころにそっくりなのですから、私が変な気持ちになってしまうのも無理はないことです。

「あれ、なんだかここ……おかしなことになってるよ、伯父さん……」

里香は、私の股間に熱い視線を注いでいます。私のその部分は、いつの間にかすっかり勃起して、盛り上がっていたのです。

「い、いや、違うんだ、これは……」

私は動揺して手で隠そうとしましたが、それよりも早く里香が手を伸ばします。

「……硬く、なっちゃってる……」

そして、悪戯っぽい笑みを浮かべながら私を見返すのです。

何せ深雪とするためにこの家に来たわけですから、心も体も発情状態だったわけです。だからほんのちょっとの刺激でも反応してしまうのです。

「ちょっと……やめ、やめなさい……」

口ではそう言いながらも、里香の指の感触が気持ちよくて、振り払う気になれません。そのままにしていると、里香の指先はどんどんはっきりと私のチ○ポをしっかりと握りしめてくるのです。

とうとう、それを上下にしごくような仕草をしてきました。

「……伯父さん、あたしねえ、伯父さんならいいって思ってるんだよ？　それぐらい伯父さんのこと、好きなんだよ……」

そう言って顔をのぞき込んでくる里香に、私の理性は吹き飛んでしまいました。

「里香……！」

私は里香の体に抱きつきました。

小麦色の肌が熱くなっています。里香も興奮しているのです。

里香は私のワイシャツを脱がして、シャツをまくり上げ、そのまま外回りで汗ばんだ胸板にキスをしてきました。乳首に唇をくっつけて、チュウチュウと乳飲み子のように吸ってくるのです。ものすごい刺激でした。

「うっ……はぁ……！」

私の鼻から、思わず荒い息が洩れてしまいます。

「ねええ……伯父さんばっかりじゃなくて、あたしも気持ちよくして……」

甘えた声で里香が私にささやいてきます。

私は里香の着ていたシャツをまくり上げました。

家ではノーブラなのか、すぐにオッパイが顔をのぞかせます。日焼けは夏の間に海か何かで焼いたのでしょうか。ビキニの水着のあとがくっきりと残っています。

その日焼けあとの強烈さにも興奮させられました。

里香はもともとの肌は色白らしく、乳首もきれいなピンクです。

でもそれはこうして裸にしないとわからないのです。そのギャップに、なんとも言えないエロティシズムを感じてしまいます。

「あっ、んあ、んん……！」

私の舌先が触れると、里香は大きな声で喘ぎました。

ソファの上で体をくねらせて、クビレが強調されました。

里香のオッパイは、大きさはCカップぐらいでしょうか。ものすごい巨乳というわけではありませんが、肌に張りがあって弾力に富んでいます。

ついつい、里香の母親である深雪の体と比べてしまうのです。

（……感度も、里香のほうがいいなあ……やはり若いからなのか……）

舌を離してしばらくすると乳首も少し小さくなりますが、また少し舐めるとすぐに勃起するのです。これは責めるほうとしてもうれしいものです。

そしてこうして私が乳首を舌でもてあそんでいる間も、里香は私のチ○ポをしっかりとしごきつづけています。

もうすでにパンツの中から取り出して、直接指で触れてきます。

里香の爪はネイルアートでゴツゴツにデコレーションされていましたが、それが当たる刺激さえ、気持ちよく思えました。

もう私はすっかり、里香のとりこになっていました。

「な、なあ……これ、舐めたりとか、できるかな……」

私が言うと、里香はニッコリ笑って顔を私のチ○ポへと近づけていきました。

里香のキラキラした唇が亀頭を咥え込んだ瞬間、強い刺激が襲いかかります。

口にあらかじめ唾液をタップリと溜めておいて、ネットリとなった舌で亀頭をなで回してくるのです。そしてすぼめた口を、次第に激しく前後させてきます。

唇の締めつけに変化をつけ、ときには口を離して裏筋を根元から舐め上げ……思った以上のテクニシャンであることがうかがえました。

(こりゃあ、かなり経験を積んでいるなあ……)

私はあきれつつも、里香のフェラテクを心ゆくまで堪能《たんのう》しました。

やはり若いころから淫乱だった――実の兄にまで迫ってくるような淫乱だった深雪に似て、娘の里香の体にも淫乱の血が流れているのでしょうか。

里香は私のチ○ポを、音を立てて舐めつづけます。そしていつの間にか、穿いていたホットパンツを脱ぎ、その下のTバックのパンティまで脱いでいました。

そして驚いたことに、自分で指を使っていじっているのです。フェラをしながら、オナニーまでしているのです。

「り、里香……お前、ほんとうにエッチなヤツだなあ……」

私は里香の貪欲さに圧倒され、同時に興奮していました。チ○ポの気持ちよさも、限界に近くなってきました。このままでは口の中にうっかり暴発してしまいそうです。

「り、里香……出そうだ、出そうだよ……」

里香は私のチ○ポをしごいていた分厚い唇を離して、私を見上げました。

「やだあ……ちゃんと、オマ○コに欲しいんだからあ……」

そう言って、私の体を押し倒してあおむけにしました。

そして私の下半身を完全に生まれたままの状態にすると、跨《また》ってチ○ポを手でつかみ、自分から腰をおろしてきたのです。

「うお……お……」

里香は大きく開脚していたので、若いオマ○コに自分の亀頭が埋まり込んでいくのがよく見えました。

私は深雪と初めて禁断の関係を持ったときのことを思い出していました。深雪にもこうやって、私のほうが押し倒されたのです。

それから何十年もの時を経て、今度はその娘と関係するなんて、不思議な運命の巡り合わせだと感慨深いものがありました。

「あんっ……伯父さんの、すっごく熱いぃ……！」

里香も顔を上気させて、さらに色っぽい表情になっています。

子どものころから知っている里香ですが、こんな顔を見ることができるなんて、思ってもみませんでした。

里香の足首には、まだパンティが引っかかっています。それがなんともいやらしく思えました。そんな状態で、私の上でまるでロデオでもするように飛び跳ねるのです。形のいいオッパイがゴムまりのように跳ね回ります。

私も興奮が止まらなくなって、思わず体を起こしました。

今度は私が上になったのです。里香は自分が下になると、さっきまでの挑戦的で積極的な顔から、とたんにかわいらしい少女のような表情になりました。

征服欲を刺激された私は、ガンガンに腰をピストンしてしまいました。

生で感じる里香の膣内の感触。腰を振るごとに濡れていくのがわかります。

そして感じるほどに、チ○ポをキュウッと締めつけてくるのです。

なんだかその感触も、母親である深雪の若いころに似ている気がしました。

さっき散々フェラをされたあとでの挿入なので、すぐに気持ちよくなってしまいました。でも、腰の動きを弛《ゆる》める気にはなれませんでした。弛められなかったのです。

「ああ、んんっ、気持ちいいよ、んんっ、んんっ！」

感じすぎた里香の腰が、ソファから浮き上がってきました。

私は里香の褐色のクビレをつかんでラストスパートをかけました。

（やばい……もう出る……！）

私が里香の膣内からチ○ポを抜いたのは、まさに発射の瞬間でした。

里香の恥毛の上に、ドロドロの濃い白濁液が、ベットリとかかりました。

里香はしばらくグッタリしていました。そして自分の股間に出された精液を指先ですくって、自分の目の前に持っていって観察しました。

「……すごい、伯父さん、いっぱい出したね……」

翌日、私はもう一度、深雪の家に来ました。

もともとの深雪との約束の日だったからです。この何十年もの間くり返してきた、いつもどおりの深雪とのセックスでした。

しかし、深雪の体を抱いていても、考えるのは里香のことばかりだったのです。あらためてこうして抱いてみると、深雪と里香は母娘だけあってとてもよく似ているのです。似ているだけに、ちょっとした違いや若さが、いやというほど思い知らされてしまうのです。しかもつい前の日に娘の里香を抱いていたのですから。

(里香はもっと、俺の指に感じていたなあ……)

(里香だったらもっと、積極的にチ○ポをしゃぶってくれたなあ……)

そんなことばかり、思ってしまうのです。

そういえば長年に渡って関係を持っていたせいで、近親相姦の背徳感さえいまでは薄れていました。その背徳感、罪悪感が里香とのセックスにははっきりあったのです。

深雪とのセックスを終えて、深雪の家を出た私は、そのまますぐに里香のスマホに連絡を入れていました。

もう一度、二人っきりで会えないか、という誘いのメールでした。

数日後、私はまたしても深雪の家に来ていました。深雪のいない時間を里香が連絡してくれて、その時間に私はやってきたのです。

「伯父さん、待ってた……」

驚きました。玄関を開けると、すでに生まれたままの姿の里香が、私のことを待ち受けていたのです。まるで新婚生活か何かのようでした。

里香は日焼けあとの目立つスタイルのいい体を揺らして、私に飛びかかって抱きついてきました。

私も、里香の体をギュッと抱き締め返しました。

（ああ……やっぱり若い肉体っていうのは、すばらしいなあ……）

私の股間はもうすでに痛いくらいに勃起していました。ズボンを脱ごうとすると、里香の手がそれを手伝ってきます。

「こんなにしちゃって……ガマンできなかったんだね……」

里香はまるで年下の子どもをあやすような声で私のチ〇ポをもてあそび、すぐに自分の口に咥え込んでしまいました。

「あうっ……！」

その気持ちよさは前回の比ではありませんでした。舌の絡み方、裏筋や玉袋の刺激の仕方まで、段違いに気持ちよいのです。舌先がねっとりと亀頭の脇の部分に沿って刺激してきて、思わずそのまま出してしまうかと思いました。

驚いて見おろすと、里香が悪戯っぽい顔で私を見上げてきます。

「……ぷふぅ、気持ちいいでしょ？　練習したんだよね……」

いじらしさと見た目のギャップで、私はもう完全に参ってしまいました。

私は里香の体をリビングのソファに押し倒しました。

そして里香のスラリと伸びた両脚をつかんで左右に広げました。

意外にも里香は体がやわらかく、大きく開いたその部分はほとんどパイパンに近いほど恥毛が薄くなっていました。

若草のような産毛の奥の白い肌に亀裂が入っていて、そこから真っ赤な肉のヒダがのぞいているのです。ジュースに濡れて光っているのです。

私は顔を近づけて、鼻ごと、顔ごと埋《うず》めていました。

「んあ、はあん……」

里香の大きなため息が、頭の上から聞こえてきます。私の舌がクリトリスをめくり上げ、濡れた肉ヒダの形を確かめるように動くと、ピクッと痙攣さえしました。

（やっぱり反応がいいなあ……深雪とは大違いだ……）

この里香にも、深雪同様、私と同じ血が流れています。その事実に思い至るとサッと血の気が引くような気持ちになるのですが、次の瞬間にはもう、そのタブーが興奮に繋がってしまっているのです。

これはきっと、近親相姦をしたことがある人間にしかわからないと思います。

里香の声が、とろけるように甘くなってきました。

「ねえ……もう、はやく入れて……お願いぃ……！」

里香の両脚はどんどん大きく開いて、舐められながら自分でも指でクリを刺激していました。ほんとうに淫乱なんだなと、舌を巻きました。

私は上体を起こし、完全に着ている物を脱いで裸になりました。そしてすでに興奮で汗ばんでいる里香の茶褐色の体に、自分の肌を重ね合わせたのです。

「はんっ！」

挿入された瞬間、里香の腕が私に首に巻きついてきました。

そして私の腰の動き以上に激しく、里香が腰を動かしてきたのです。

前回は騎乗位で、この日は正常位でしたが、この体位でもまるで里香のほうが私を犯してくるような積極性でした。そして締めつけも、ものすごく気持ちがいいのです。

「伯父さん……好き、好きぃ……！」

うわ言のようにそうくり返しながら、里香が腰を揺さぶりつづけます。

二回目なので、前回以上に体の相性のよさを感じます。やはり血が繋がっていると体の相性もよくなってしまうのでしょうか。

はっきり言って、これまでに経験したマ○コの中で里香のマ○コがいちばんです。

私の下半身全体が、しびれたような感覚になってきました。意志と関係なく腰が動いてしまいます。若い娘とセックスすると、自分まで若返ってしまうのでしょうか。

こんなに腰を動かしたのはいつ以来だったかと、自分でも不思議なほどです。

ぐっちゅ、ぐっちゅといやらしい音が繋がった部分からしてきます。

「ダメだ、もう……イク……!」

私が降参すると、里香は私の下半身をさらに脚で締めつけてきたのです。

「あああっ……!」

私はとうとう里香の中でイッてしまったのです。

淫乱な妹、その淫乱な娘。血は争えないものだと痛感しました。

そしてその血は私の体にも流れています。こうして禁断の関係に溺れる私も、また性欲の権化なのかもしれません。

同居をしている五十五歳の妻の美母を欲望のままに犯し服従させると……

遠藤裕司　会社員　四十三歳

妻の実母と深い仲になることができました。

私は次男で、両親と同居している長男夫婦が介護を引き受けてくれているので、手を煩《わずら》わされることもありません。そんな折りに妻の父が亡くなり、母を独居にしておくのが心許《こころもと》ないという妻の願いを聞き入れるかたちで、義母との同居を始めました。

部屋はあまっていたし、義母との同居は何の問題もありません。それどころか、私は義母にはずっと好意を抱いていました。

年上の女性に対する静かな好意というよりは、はっきりとエロ妄想を抱いていたことを告白しなければなりません。

妻とつきあっていたころ、結婚の挨拶をするために妻の実家を訪ねたときに、私は義母に一目惚れをしてしまいました。このような美しい義母とセックスできる義父をうらやましくさえ思ったものです。

妻は母親似で、美しい義母の面影は妻のなかにもあるのですが、義父の遺伝子が雑味のように邪魔をしていて、義母こそが純粋に私の理想の女性だったのです。

義母のことを知らなかったときは自然に妻を愛することができたのですが、義母と出会ってしまってからは、妻と愛し合うときも妻に義母の面影を探しながらのセックスになったものです。私たちの結婚生活はずっとそんな感じでした。ここにきてその義母と同居できる。私が舞い上がってしまったのも無理はないでしょう。

同居を始めて数カ月は様子を見て、良好な関係が作れたことを確認してから、私は義母に積年の思いを告げました。義母は驚き、娘に申し訳ないから、家を出てあらためて独居するとまで言い出しましたが、そこは必死になだめ、なんとか思いとどまってもらいました。

以来、警戒した義母は私と二人きりになる状況を避けていたようですが、妻もパートで働いていて、ボランティアサークルにも参加していて、家を空けることも多いので、そうそう避けつづけることもできません。それでも、多少の気まずさはありながら、特に展開のないまま、また何カ月かが過ぎました。

そして絶好の機会が巡ってきました。妻が遠方被災地の炊き出しボランティアで、一泊で出かけることになったのです。

その日、私たちは何食わぬ顔で食事をし、順番に風呂に入りました。義母が自室に引き上げる物音を、私は台所で晩酌しながら聞いていました。やがて、私は思い立ち、義母の部屋のドアをノックしました。

義母のおびえがドア越しに伝わってくるようで、嗜虐的な喜びが込み上げ、私は全身を武者震いさせました。もう後には引けません。

「お義母《かあ》さん、もう我慢できません。今日こそはぼくのものになってください」

ドアには鍵がかかっていましたが、私はドアに体当たりしました。簡易的な鍵ですから、蹴飛ばし、殴りつければ、簡単に金具が弾け飛びました。私が室内に踏み込むと、義母は窓際まで後ずさって震えていました。私の本気が伝わったようでした。

「ああ、お願い。やめて……」

義母は、恐れおののいて涙ぐんでいました。

「大声を出しますよ……！」

閑静な住宅街ですから、こんな夜更けに大声を出せば、それなりの騒ぎになるでしょう。

「いいですよ。やれるものならやってみてください。大声で叫んで騒ぎを起こしてください。誰かが警察を呼んでくれるでしょう。ぼくは逮捕されて刑務所。会社もクビです。収入がなくなって、妻はどうやって生活するんでしょう。母娘揃って路頭に迷いますか？　そのきっかけを、ほかでもないお義母さんが作るんですか？」

義母が私の言葉にひるんだすきをついて、飛びかかりました。抱きつき、羽交い絞めにしてもがく義母を押さえつけました。

「いや、ほんとうにやめて！　離して！」

それでもなおもがき暴れる義母の耳元に私は続けました。

「ぼくは何がなんでもお義母さんとセックスしたいんです。ずっと、ずっと我慢していたんです。もう限界なんです。無理やりにでも自分のものにします」

私は、ドアを殴りつけて傷ついた自分の拳を義母の目の前に差し出しました。拳は皮が剝けて血が流れていました。

「お義母さんのことも殴って言うことをきかせましょうか？　傷だらけにされたいですか？　痛いのはいやでしょう？　血を流したくないでしょう？　ぼくだって暴力なんか振るいたくない。そんなの全然好きじゃない。だから、諦めておとなしくしてくださいよ。ぼくとセックスしてくださいよ。ヤラせてくださいよ」

拳のなまなましい流血が、義母に暴力の恐怖を呼び覚まさせたようです。私の腕の中で義母の下半身からへなへなと力が抜けるのが感じられました。もうひと息でした。

「さっきも言ったように、ぼくが逮捕されたら妻もお義母さんも路頭に迷います。あなた自身はいいかもしれませんが、妻はどうです？　ぼくにヤラせるのはそんなにいやなことですか？　娘の人生を踏みにじってまで守るほどの価値が、あなたの貞操にはあるんですか？」

「そんなひどい。無茶苦茶ですぅう……っ！」

義母は私に抱きすくめられたままで、めそめそと泣きはじめました。もう抵抗の意志は萎《しぼ》んでしまったようでした。私は腕の中の義母を正面に向き直らせて、優しく抱きすくめ、その唇を奪いました。

「んんん、んむむむぅうう……」

義母の唇は堅く閉じられていましたが、あごをつかんで頬に指先をめり込ませ、ゆるんだところを舌先で割り開いて、そのまま舌を侵入させました。

溢れ出した義母の唾液を、ちゅうと吸いついて搾り出し、飲み下しました。夢にまで見た義母の唾液でした。

「ねえ、ヤラせてくださいよ。好きなんです。愛しているんです。お義母さんだって、ずっとご無沙汰なんでしょう？　ぼく、ていねいにヤリますから。気持ちよくさせてあげますから。お願いです。ヤラせてください」

私はそう畳みかけながら、義母の体を着衣の上からまさぐりました。胸をもみしだき、両脚に手を差し入れて、股間をまさぐります。

「ああ、だめ。あ、ああ……」

義母のうめき声は、次第に甘さを増し、官能的な声になっていきました。いやがっていても、女性の肉体は刺激に反応するようにできているのです。義母も例外ではありません。熟しきった五十五歳の肉体は、枯れるにはまだまだ早く、すでに股間を濡らしているはずでした。

私は義母のスカートをまくり上げ、手を差し入れました。パンティの股布をくぐらせて、指を差し込みます。

「ああっ！」

思ったとおりでした。すでに叔母の性器はぬるぬると愛液をにじませていました。すかさず私は、濃いめの陰毛をかき分けて、膣口に指を挿し込みました。ぬるんと、私の指先は第二関節を越えて深々と呑み込まれました。

「あうぅうっ！」

義母は背筋を反らせて、敏感に反応しました。

「気持ちいいんですね？」

「そんな、違う。違いますぅう……」

「だって、こんなに濡れてるじゃないですか。正直になったらどうなんです？　感じているんでしょ？　気持ちいいんでしょ？」

私は、膣内の指先を暴れさせました。ぐりぐりと膣壁をかきむしります。前側の特に敏感な部分を狙って、刺激を送り込みます。

「ああ、ああ、あふぅうんんっ！　あ、そこ、だめ。そこ、弱いからっ！」

そんなことを口走りながら、義母はおもしろいように腰をくねらせました。それはいやがって逃げようとしているのではなく、刺激に反応して、より強い刺激を求めての動きでした。思ったとおりです。義母の肉体は、愛撫されるのを待っていたのです。

私は激情に駆られて、そのまま義母をベッドに押し倒しました。スカートをまくり上げて、股間を天井灯の明かるみにさらしました。

「ああ、いやぁあっ！」

そうは言いながら、すでに義母は抵抗しませんでした。パンティを脱がせるときは腰を浮かせて協力さえしました。

私の目の前に、あこがれつづけた義母の性器がありました。濃い陰毛におおわれ、ほとんどが隠されていましたが、その中央の鮮やかな真紅の亀裂は隠しようもありません。そしてそこは、愛液のヨダレをだらだらと垂らしながら、さらなる凌辱を待ち望んでいるのでした。

私は夢中になって義母の股間にむしゃぶりつきました。陰毛を鼻先でかき分け、大小陰唇を舐め回し、クリトリスに吸いつき、舌先でれろれろといじりました。

「ああ、ああ、あふぅんん、あひぃいいっ！」

いまやはっきりと甘く鼻にかかった喘ぎ声でした。

「お義母さん、そろそろ認めてくださいよ。ねえ、気持ちいいんでしょ？」

私は恥丘越しに義母を見つめて問いかけます。

「ああ、そんなこと、わざわざ言わなくても、もうわかってるでしょ？」

恥ずかしそうに義母は首を左右に振りました。

「そりゃ、これだけ濡れてヨガリまくってるんですから、わかりますけど、それでも言ってくださいよ。お義母さんの言葉で聞きたいんです」

私はなおも畳みかけました。その一方で、指先をあらためて膣口に挿入して、膣内を刺激しました。

「ああ、気持ちいいです。気持ちいいんですぅう……」

義母はそう言うと、目をそらし顔をそむけました。言わずもがなのことを言わされた屈辱と恥辱を全身で噛みしめているようでした。

「恥ずかしいぃい……」

義母は快感と恥ずかしさに身をふるわせて耐えているようでした。私は膣内に挿入した指で、ぐりぐりと内壁をかきむしりながら、ピストンさせました。

「ああ、だめ。そんなこと、されたら、私、どうにかなっちゃううぅ……」

義母はさらに腰をうねらせ、尻を振ってヨガリました。かき出され、とめどなく溢れ出す愛液が、私の手首にまでしずくを垂らしていました。

「どうにかなるって、どうなっちゃうんですか？　教えてくださいよ」

今度はそう言ってみました。

「まだ言わせるの？　どこまで意地悪なのぉう……」

義母が私の言葉責めに困惑しながらも、性感を高めているのがわかりました。

義父とのセックスがどのようなものだったかは知りませんが、義母は明らかに羞恥の喜びを甘受していました。恥ずかしい言葉を言わされるたびに反応が激しくなっていくのがわかりました。

「欲しくなっちゃうの。欲しがっちゃうの。それくらいわかるでしょ。もう、言わせないでぇえ……」

そう言って、義母はまた羞恥に悶《もだ》え、さらに性感を高めていくのでした。

「何が欲しくなるんですか？　はっきり言ってもらわなければ伝わりませんよ」

「おち○ちんに決まってるじゃない。ねえ、私とセックスしたいんでしょ？　ヤラせてあげるから。ヤッていいから、もう、意地悪しないでよぉう……！」

わっと義母が泣き出しました。情動失禁状態で、大泣きしてしまいました。私は身を起こしてそんな義母を見おろしました。スカートはめくれ上がり、大きく脚を開いて、股間には愛液まみれの性器がぱっくりと口を開けています。

それはとてもいい眺めでした。私は自分の衣服を脱ぎ捨てて全裸になりました。ペニスは痛いくらいに勃起しています。私はベッドに膝をついて、義母の鼻先にペニスを突きつけました。

「ほら、これですか。このチ○ポですか。お義母さん、これが欲しくて泣いてるんですか。だったら舐めてくださいよ」

義母は泣き止み、しゃくり上げながらも、半身を起こして素直にペニスに向き直りました。おずおずと手を伸ばし、指先を茎に絡ませます。

「舐めてください。フェラチオですよ。まさか、やったことないんですか？」

義母は目を伏せたままでうなずきました。世代的なこともあるのかあるいはただの個人差でしょうか。義父とのセックスはごく穏やかなものだったようです。

それでも知識だけはあるようで、義母は茎の部分に唇をつけました。

「舌を出して舐めるんですよ。ずっと上のほうまで舐め上げていくんです」

義母は私の指示に従って、陰茎を舐め登りました。

「うまいじゃないですか。そのまま、傘になった縁に舌を這わせてください」

義母の舌先が私のカリをいじります。とてもいい気持ちでした。皮膚的快感というより、あこがれつづけた義母が私のペニスを舐めしゃぶっているという満足感が、快感を増していました。

「今度は口を大きく開けてください。口に含むんです」

躊躇《ちゅうちょ》してうつむく義母でしたが、私はあごに手をかけて口を開かせ、強引に陰茎をねじ込みました。亀頭全体が義母の温かい口の中に包まれました。

「うぐぅう……！」

ちょっと奥まで突っ込みすぎたようです。人生初フェラチオの義母は、のどの奥までペニスを突っ込まれて、思わず咳《せ》き込みました。

「がほげほごほごほ……っ！」

亀頭の形を頬肉に浮かせたまま、上目づかいで義母が私を見上げます。苦しげに八の字に眉をひそめ、涙をいっぱいにためた瞳を、許しを請うように私に向けました。

嗜虐欲をそそる、刺激的な情景でした。私はペニスを抜くどころか、さらに奥に突っ込みました。髪をわしづかみにして、腰を突き出し、ぐいぐいと亀頭の先端をのどちんこに押しつける勢いでした。

「がほがごげほごほ、おえ、おええ、おえええええっ！」

激しく咳き込み、えづいて、義母がペニスを吐き出して顔をそむけました。さらに咳き込み、シーツにヨダレを垂らして、むせ返りつづけました。

「使えない女ですね。もういいですよ。アソコに突っ込んであげますよ。フェラチオはまた今度、ゆっくりしてもらいますから」

さっと顔色を変えた義母が、ケモノを見るような目で私を見ました。

「また今度？　ゆっくり？　ねえ、それ、どういうことですか？」

私は、身を乗り出した義母をあらためてベッドに突き倒して脚を開かせ、膝立ちになって、その中央に体を割り込ませました。

「今度は今度ですよ。ゆっくりはゆっくりです。ゆっくりじっくり教え込んであげますよ。まさか、これ一回きりで終わりだと思ってたんですか。何のために同居してるんですか。毎晩でもしたいくらいなのに」

「ああ、そんな……」

義母は絶望した様子でした。私はかまわずペニスをつかんで亀頭をヴァギナに向かわせて狙いを定めました。にちゃっと粘液にまみれた陰唇と亀頭が密着しました。

「あ、あ、あ……」

義母は身じろぎして、避けようとしました。

「ここで、やめたほうがいいんですか？　また今度にしますか？　それとも話を元に戻して、母娘揃って路頭に迷いますか？　あるいは、お義母さんだけ一人で出ていきますか？」

「追い出すの？」

「違います。お義母さんが勝手に出ていくんです。そしてぼくは追いかけます。引っ越し先まで訪ねていって、この続きをします」

義母は、やっと観念して、脚の力を抜いて完全に抵抗をやめました。私はおもむろに腰に力を込めて、ぐいと突き出しました。濡れぬれに愛液の滴《したた》る義母の性器は、私のペニスを迎え入れました。

「はうぅぅぁあああっ！」

義母は大きな喘ぎ声をあげ、ビクンビクンと脚を痙攣させて、衝撃を受け止めました。微妙に腰を動かして粘膜同士が密着するのを安定させます。膣内のいい具合の位置に陰茎が収まりました。

「入りましたよ。これが欲しかったんでしょ？　気持ちいいですか？」

義母は涙に濡れた目で私を見上げて、小刻みに何度もうなずきました。

「気持ち、いいです……」

私は、そのままの体勢で美しい義母の顔を見つめながら、義母の言葉を噛みしめ、また、膣内の感触を味わいました。性急にピストンして行為を終わらせるのがもったいなかったからです。この至福の時間を少しでも長引かせたかったからです。

腰をくねらせはじめたのは義母のほうからでした。うねうねと腰自体が意志を持つ別の生き物みたいに、義母の腰が快感を求めてうねりました。

「ああ、ああ、ああ。気持ちいい。気持ちいいんです。ねえ、動いて？　動かして？　奥のほうを突いてほしいのぉう……！」

先刻まで躊躇し、逡巡《しゅんじゅん》し、抵抗さえしていた義母でしたが、いまや貪欲に快感を求めるメスのようになっていました。

「そんなにヤリたかったなら、最初から素直にヤラせればよかったじゃないですか」

「そんな意地悪、言わないで。お願い。もっと動かして、気持ちよくしてぇ……！」

私は、うねりつづける義母の腰を両手でつかんで、自分の腰を突き入れました。ペニスの先端が膣内の奥底の行き止まりに届きます。

「あああああ、あうぅうんんん！」

背筋をのけぞらせ、両脚をぴんと突っ張って、義母が快感に喘ぎます。

私は、今度は腰を引き、亀頭の傘で膣内の肉襞をこすりました。そしてまた突き入れます。

「あひ、あひぃいい！　気持ちいい。すごい。すごいのぉう！」

私は下腹を義母の内腿に叩きつけるようにしてピストンしました。義母はそのいちいちに反応して喘ぎ、びくびくと全身をふるわせて快感をむさぼっていました。

「もっと、もっと。もっとぉう！」

思わず私が引くくらいの義母の貪欲振りでした。私は負けじと義母を抑え込むように体重をかけてがんがんと腰を叩きつけつづけました。

「ああ、あひぃいっ！　イク。イクイクイク、イッちゃうよぉう！」

義母は大声で叫びながら、腰をうねらせ尻を振ってこたえました。それはやがて私のピストンと完全に同調して、お互いの性感を高めました。

「もう、もうだめ。もう、どうにかなっちゃう。本気でおかしくなっちゃう。ああ、あああ、イク。イッちゃう。あ、あ、あ、あああああっ！」

義母の両脚はぴんと伸ばされ、つま先がぎゅっと内側に折り込まれました。ビクンと大きく跳ねると、そのままぎくぎくと痙攣しました。連動して膣口がぎゅっと締まり、私のペニスが締め上げられました。

みっちりと膣壁の粘膜が陰茎全体を締めつけます。がつんと尻を蹴飛ばされたような衝撃があり、たまらずに私も次の瞬間には射精していました。

膣壁はさらに締まり、精液を搾り取るようにぎゅうぎゅうと締め上げました。私たちはそのまま力尽き、がっくりとベッドの上で脱力しました。

こんなに激しいセックスは初めてでした。それは義母にとっても同じだったらしく、私たちは脱力したままで目を見交わして、微笑み合ったものでした。

以来、私と義母の関係は続いています。もちろん、妻には内緒です。義母はいままでも妻に申し訳ない、というようなことを口にしていますが、それでも私とのセックスに夢中になってもいるようで、関係を清算するつもりはないようです。

だらしのない息子が家を出てしまい残された嫁のふくよかな身体を……

佐久間倫太郎　飲食店経営　六十六歳

ある地方都市で、複数の飲食店を経営している仕事ひと筋の男です。

家のことはすべて女房に任せていたのがまちがいで、妻は一人息子の敬一《けいいち》を甘やかして育て、すっかり無責任な大人に成長してしまいました。

それでも店の一つを任せていたのですが、二度の結婚失敗に家賃滞納とだらしがなく、無理やり実家住まいを命じたんです。

三十八歳のときに三度目の結婚をした直後に妻が亡くなり、敬一、嫁の真美《まみ》さんと三人での生活が始まりました。

真美さんは三十八歳のバツイチで、両親はすでに他界しており、とても気の優しい性格の女性です。

これで落ち着くかと思われたのですが、敬一は二年も経たずに店の若いバイト女性といい仲になり、家を出てその女のアパートに転がりこんでしまいました。

人間の性格って、そう簡単には変わらないものなんですね。

真美さんに申し訳なく思っていたある日、用事があって昼間に自宅に戻ったところ、彼女がソファの上で自慰行為をしているシーンを目撃してしまったんです。

彼女はスカートをまくり上げ、ショーツを片足に引っかけたまま大股を開き、剝き出しの女陰を指で慰《なぐさ》めていました。

女盛りを迎え、やはり肉体の疼きには逆らえなかったのだと思います。

目が合ったときの気まずさはなんとも言えず、あわてて自宅をあとにし、その日は深夜に帰宅しました。

風呂に入って自室でくつろいでいると、パジャマ姿の真美さんがやってきて謝罪したのですが、もちろん彼女は何も悪くありません。

「いやいや、あなたが謝ることじゃないよ。私は全然気にしてないし、あなたも忘れなさい。すべて、あいつが悪いんだから」

敬一に代わって頭を下げたところ、よほどいたたまれなかったのか、真美さんは泣きながら抱きついてきました。

子どものように泣きじゃくるなか、豊満な胸のふくらみにドギマギし、パジャマの襟元からのぞく胸の谷間に目が奪われました。

それでも、このときはまだ理性を保っていたんです。

「さ、もう自分の部屋に戻って寝なさい」

体を離し、肩に手を添えてたしなめたものの、彼女はその場から動こうとせずに涙目で私を見つめました。

「……お義父《とう》さま」

庇護《ひご》欲《よく》がくすぐられ、ふっくらした唇が強烈なエロチシズムを発しました。

「ど、どうしたんだね？」

「私……さびしいんです」

その言葉を聞いたとたん、心臓が早鐘を打ち、股間に血液が集中しはじめました。

はたして誘いをかけているのか、それとも心情を吐露したいだけなのか。

濡れた瞳に吸いこまれそうになり、男の感情が燃え上がりました。

もちろんためらいは捨てきれなかったのですが、情に流された私は自制心が働かず、あろうことか唇を重ね合わせてしまったんです。

「あ、す、すまん」

我に返って口を離したものの、今度は真美さんのほうからソフトなキスをされ、高揚感にまみれたと同時に理性が頭の隅に追いやられました。

「ま、真美さん」

「あ、んぅ」

今度はディープキスで柔らかい唇をむさぼり、甘い唾液をすすり上げ、舌を搦め捕ってはチューチューと吸いたてました。

熟女の体は瞬《また》く間に熱く火照り、首筋からムンムンとしたフェロモンが匂い立ちました。

「う、ふぅん」

キスをしながら背中からヒップをなでさすると、鼻から甘ったるい声が洩れ、さらに私の性感をあおりました。

パジャマ越しのヒップはパンパンに張りつめ、手のひらをやんわり押し返す弾力感に富んでいました。

首に両手を回されたときは感激し、ペニスは早くも八分勃ちの状態になったのですが、まったく不安がなかったわけではありません。

女性との性交渉は久しくなく、男としての機能がまだあるのか、彼女を満足させてあげられるのか、複雑な心境ではありました。

真美さんはすっかり期待しているらしく、胸と下腹部を私の体に押しつけ、ふんわりした感触にペニスが不覚にもフル勃起してしまいました。

それだけにとどまらず、彼女はなんと手をバスローブの合わせ目から差し入れ、トランクスの上からペニスをキュッと握りしめてきたんです。

「おふっ」

細長い指がペニスの形状に沿って這わされ、まるで大きさや硬さを確かめているようでした。

「う、んっ」

とたんに熱い吐息が口の中に吹きこまれ、今度は真美さんのほうから積極的に舌を絡ませてきました。

あのときは脳みそが沸騰し、自分が自分でなくなってしまうのではないかというほど昂奮していました。

もはや火のついた性欲を鎮めることは不可能で、私は盛んに鼻息を荒らげていたのではないかと思います。

すぐさま豊満な肉体を強く抱き締め、パジャマズボンとショーツのウエストから右手を差しこみ、ヒップをじかにもみしだきました。

すでに汗をかいているのか、しっとりした肌が手のひらに吸いつき、ゴムマリのような弾力に鼻の下が伸びました。

「あ、やっ」

「ま、真美さん」

熟女は唇を離して身をよじったのですが、恥じらう様子がまたかわいくて、昂奮のボルテージはひたすら上昇するばかりでした。

ヒップの感触を存分に堪能《たんのう》したあと、右手は自然と前方に移り、肉厚の腰が大きくくねりました。

「だめ……だめです」

「ど、どうしてだね？」

不躾な質問をしたところで答えるわけもなく、唇を噛んで耐える姿に男の征服願望が目覚めました。

「あ、お義父さま」

彼女はすぐさま両足を閉じたものの、柔らかい内腿は指の侵入を容易に受け入れ、しっぽりした熱い箇所をすぐにとらえました。

驚いたことに、肉びらが大きく突き出し、狭間がヌルヌルした分泌液で溢れ返っていたんです。

「はっ、ぅぅぅんっ」

合わせ目に沿って指をスライドさせると、真美さんは甲高い声をあげ、ヒップを前後に揺すりました。

顔は切なげにゆがみ、かすかに開いた口から熱い溜め息を何度も放っていたんです。

「あっ、はっ、やっ、だめです」

拒絶の言葉とは裏腹に下腹部から力が抜け落ち、両膝が小刻みに震えていました。

女肉をなでればなでるほど、愛液はとめどなく滴《したた》り、指先があっという間にぬめり返りました。

抵抗やひりつきはいっさいなく、私はスムーズなスライドからあそこに刺激を与えていったんです。同時にサディスティックな気持ちが込み上げ、私はさっそく言葉責めを開始しました。

「何が、だめなんだね？」

「だ、だって……」

「真美さんのおマ○コ、エッチな汁でぐちょぐちょじゃないか。まさか、あなたがこんなにスケベな女だとは思ってなかったぞ」

もしかすると、真美さんはマゾっ気があったのかもしれません。

いかがわしいセリフを投げかけるたびにヒップの打ち揺すりが大きくなり、喘ぎ声もトーンがひと際高くなりました。

「いやぁっ」

「ここかね、ここがいいのかな？」

厚みを増したクリトリスの存在はすでにわかっており、重点的に責めたてると、彼女はむせび泣きに近い声を洩らし、恥骨を前後に振りました。

「あ、あ、あ……」

「うん、どうした？　いいんだよ、イキたいなら、イッちゃっても」

私はそう言いながらクリットをつまみ、上下左右にこねくり回したんです。

「い……ひっ」

真美さんは上体をビクンとひきつらせたあと、うっとりした表情で胸にもたれかかり、絶頂を迎えたのは明らかでした。

このあとはどうしたものか。若いときのスタミナこそありませんが、テクニックにはそれなりの自信があり、口と手を使えば十分満足させられると考えました。

彼女をベッドに押し倒し、パジャマのボタンをはずして肩から脱がせると、まろやかな乳房がさらけ出されました。

透きとおるような白さに柔らかそうなふくらみ、そして木イチゴを思わせる乳首が目を射抜き、ペニスが萎《な》えることは少しもありませんでした。

逸《はや》る気持ちを抑えつつ、パジャマズボンをショーツごと引きおろすと、裏地と女肉の間で愛液のしずくがねばった糸を引きました。

あのときの私は、完全に目を血走らせていたのではないかと思います。

股間にこもっていた汗とふしだらな匂いが鼻の奥を突き刺し、脳幹がジンジンしびれました。

「はあはあはあっ」

忙《せわ》しなくバスローブとトランクスを脱ぎ捨てれば、ペニスは下腹にべったり張りつき、亀頭がこれ以上ないというほど膨張していました。

さっそく乳房にかぶりつき、舐めては吸ってを繰り返し、両手で執拗《しつよう》にもみしだいたんです。

さほどの力を込めずとも、指先は肌にめり込み、乳丘は楕円に形を変えて手のひらからはみ出しました。

「う、うぅん……あ、やっ」

正気に戻ったのか、真美さんは全裸の状態にハッとしたのですが、一度目覚めた快楽は抑えられなかったのかもしれません。すぐさま目をとろんとさせ、艶《つや》っぽい吐息をこぼしました。

「……んふぅ」

乳首を舐めしゃぶりながら、当然とばかりに右手を下腹部に伸ばし、内腿の間に指を差し入れました。

「ん、はぁあぁっ」

とたんに真美さんは上体を反らし、一オクターブも高い嬌声を張りあげました。

よほど恥ずかしかったのか、必死に逃れようとするも、愛液の湧出は止まらず、股間からくちゅくちゅと卑猥な音を延々と響かせていたんです。

「この音、聞こえるかね？」

「はあ、はぁあっ」

「真美さんのおマ○コから、聞こえているんだよ」

「いやぁあっ」

熱く息づく胸のふくらみ、小刻みな痙攣を起こす腰回りと、あのときの彼女の性感は高みまで押し上げられていたのではないかと思います。

意識的に指の動きを速めた瞬間、ペニスに甘美な電流が走りました。

こらえきれなくなったのか、真美さんが陰嚢から裏茎を手のひらでなで上げ、胴体を握りこんでシュッシュッとしごきたててきたんです。

「む、む……自分からさわっちゃうんだ？」

「あぁ、だって……」

「なんて、いやらしい嫁なんだ」

「ん、はぁあぁぁっ」

クリトリスに押し当てた指を振動させた直後、彼女は眉間にしわを寄せ、ヒップを大きくバウンドさせました。

このころになると、指のピストンだけでは満足できなくなり、口の中に大量の唾が溜まりました。

私は体を徐々にズリ下げ、乳房から下腹に唇を這わせていったんです。

「あ、あ、だ、だめ」

次の展開は彼女も予想できるもので、両足をぴったり閉じ、盛んに拒絶の言葉を放っていました。

「さ、足を開いて」

熟女はイヤイヤをしましたが、困惑の表情はこちらの劣情を催《もよお》させるばかりで、中止という二文字はまったくありませんでした。

「私の言うことを聞きなさい。足を大きく広げるんだ」

むちっとした足が申し訳程度に開かれると、股ぐらの奥からまたもや甘ずっぱい匂いがただよい、男の分身はなおさら疼くばかりでした。

「……あ」

我慢できなくなった私は、ついに両足を無理やり広げ、こんもりした恥丘のふくらみにむさぼりついていったんです。

「い、ひぃぃぃっ」

アンズのような酸味にとろとろの粘液が口中を満たし、甘いラブジュースをクリトリスごと猛烈な勢いですすり上げました。

「や、やぁぁっ」

真美さんは肌から大量の汗を噴きこぼし、身をくねらせては何度も恥骨を浮かせました。

まさに悶絶《もんぜつ》という表現がぴったりの乱れようで、上目づかいに様子を探れば、頬は真っ赤、唇を舌でなぞり上げ、自ら乳房を手で引き絞っていたんです。

頰をすぼめてジュルジュルと吸いたてれば、ヒップがくるりと回転し、愛液のしずくがシーツに大きなシミを作っていました。

「あ、ああ、お、お義父さまぁ」

「ん？　もっと舐めてほしいのかな？」

媚《こ》びた眼差しが向けられ、やがて掠れた声が耳に届きました。

「い、入れて……入れてください」

「何を入れてほしいんだ？」

熟女はいったん息を吞んだものの、舌先でクリットをあやすと、泣きそうな顔で懇願しました。

「おチ○チン、お義父さまのおチ○チンを入れてくださいっ！」

可憐《かれん》な唇の間から男性器の俗称が放たれた瞬間、背筋がゾクゾクし、ペニスがいっそういななきました。

「く、口で、やってくれ」

余裕の表情は見せていましたが、私のほうでも限界を迎えており、期待感を込めてフェラチオを要求したんです。

あおむけに寝転ぶと同時に、真美さんは上体を起こし、飢えた獣のように私の股間に顔を埋《うず》めました。

じゅっぷじゅっぷ、じゅぷぷぷっ、ぶぱぱっ！

「ぬ、ぬうっ」

顔を左右に打ち振り、派手な水音を立て、ペニスを根元まで咥えこむ様子を見た限り、よほど欲求が溜まっていたのだと思います。

下腹はあっという間に唾液まみれになり、艶々した唇が猛烈な勢いで胴体を往復しました。

生温かくて柔らかい感触に酔いしれ、気がつくと、今度は私のほうが身をくねらせていたんです。

口の中を真空状態にさせてから凄まじい勢いで吸引されると、ペニスは限界までふくらみ、この勃起力ならセックスで満足させられるに違いないと考えました。

「ふっ、んっ、ふっ、んっ！」

「ぐ、くうっ」

激しいピストンは緩むことなく、睾丸の中の精液が出口を求めて暴れ回りました。

ここまで来て、口の中に射精するわけにはいきません。

「ま、真美さん！」

「……んっ」

私は唇の狭間から無理やりペニスを抜き取り、身を起こして彼女を再びあおむけにさせました。

大股を開いた中心部は花びらがすっかりほころび、膣口からのぞく赤い粘膜がくねるたびに濁り汁を溢れさせました。

私はペニスを握りしめ、股の間に腰を押しこみ、亀頭の切っ先を割れ目にあてがったんです。

「あっ、あっ、あっ」

二枚の唇がぱっくり開き、まるまるとした先端をしっぽり挟みこみました。

軽く腰を突き出しただけで、ペニスは手繰り寄せられるように入り口をくぐり抜け、熱い粘膜が胴体をやんわり締めつけました。

「おっ、おっ」

男の肉がとろけそうな感触、内から込み上げる牡のパワーと、久方ぶりの情交は私に忘れかけていた性の悦びを思い出させました。

ペニスが根元まで埋めこまれ、心地いい一体感に恍惚《こうこつ》とするなか、あのときは不思議と罪悪感はありませんでした。

おそらく、快感のほうがより勝っていたのだと思います。

「は、はぁあぁっ」

真美さんは私の背中を両手でバシッと叩き、白い腹部を小刻みに痙攣させせました。

彼女も待ちわびた情交に気持ちが昂《たかぶ》ったらしく、閉じた目から涙のしずくが滴《したた》っていました。

「ああ、すごく気持ちいぃよ」

私は意識的に優しい言葉をかけ、まずはさざ波のようなピストンから膣肉を掘り起こしていきました。

「あっ、あっ、い、いいっ」

ソフトなスライドにもかかわらず、熟女は身をくねらせ、ヒップを揺すりたてました。彼女が身悶《みもだ》えるたびに媚肉がペニスを引き転がし、勃起は萎《な》えるどころか、さらに膨張し、射精願望がうなぎのぼりに上昇していったんです。

知らずしらずのうちにピストンが加速し、私はいつしか腰をしゃくっていました。

ときには臀部を回転させ、はたまた片足を肩に担ぎ、さまざまな角度から膣道をこすりたてたんです。

「いひっ、ぃぃぃっ」

真美さんは顔を左右に打ち振り、胸を波打たせてよがり泣いていました。

互いの体は火を吹くほど熱く、肌から汗が滝のように流れ、ムンムンとした熱気があたり一面に立ちこめました。

目に滴る汗も何のその、私は歯を剝き出し、ついに怒濤のピストンで膣肉をえぐり回しました。

「あぁ、いいっ、お義父さまっ、私、イッちゃいそうです」

「わ、私も、イキそうだ」

そのころには息が完全に上がっていたのですが、私はラストスパートとばかりに腰を振りたてました。

彼女も抜き差しのたびにヒップをグラインドさせ、収縮を始めた膣肉でペニスをキューッと引き絞ったんです。

「ぬ、くぉぉっ」

とろとろの粘膜は大きな快楽を与え、とても我慢できるようなものではありませんでした。

「あっ、イクっ、イキそうだ」

「私もイキます！　いっしょにイッて、中に出してください！」

「あっ、イクっ！　イクぅぅっ」

「ひ、んぅぅっ」

いい歳だというのにまったく自制できず、嫁の中に男の証《あかし》をたっぷり注いでしまいました。

結局、息子の嫁と禁断の関係を結んでしまい、ふくよかな肉体のとりこと化した私は、いったいどうしたものかと悩む日々を過ごしているんです。

◉読者投稿手記募集中！

素人投稿編集部では、読者の皆様、特に女性の方々からの手記を常時募集しております。真実の体験に基づいたものであれば長短は問いませんが、最近のSEX事情を反映した内容のものなら特に大歓迎、あなたのナマナマしい体験をどしどし送って下さい。

●採用分に関しましては、当社規定の謝礼を差し上げます（但し、採否にかかわらず原稿の返却はいたしませんので、控え等をお取り下さい）。

●原稿には、必ず御連絡先・年齢・職業（具体的に）をお書き添え下さい。

〈送付先〉
〒101-8405
東京都千代田区神田三崎町２－18－11
マドンナ社
「素人投稿」編集部　宛

◉新人作品**大募集**◉

マドンナメイト編集部では、意欲あふれる新人作品を常時募集しております。採用された作品は、本人通知のうえ当文庫より出版されることになります。

【応募要項】未発表作品に限る。四〇〇字詰原稿用紙換算で三〇〇枚以上四〇〇枚以内。必ず梗概をお書き添えのうえ、名前・住所・電話番号を明記してお送り下さい。なお、採否にかかわらず原稿は返却いたしません。また、電話でのお問い合せはご遠慮下さい。

【送付先】〒一〇一-八四〇五 東京都千代田区神田三崎町二-一八-一一 マドンナ社編集部 新人作品募集係

禁断《きんだん》の相姦《そうかん》白書《はくしょ》 快楽《かいらく》に溺《おぼ》れた淫乱《いんらん》熟女《じゅくじょ》たち

編者◉素人投稿編集部【しろうととうこうへんしゅうぶ】

発行◉マドンナ社
発売◉二見書房
東京都千代田区神田三崎町二-一八-一一
電話 〇三-三五一五-二三一一(代表)
郵便振替 〇〇一七〇-四-二六三九

印刷◉株式会社堀内印刷所 製本◉株式会社村上製本所 落丁・乱丁本はお取替えいたします。定価は、カバーに表示してあります。
ISBN978-4-576-20004-0 ◉Printed in Japan ◉© マドンナ社